CONVITE À REFLEXÃO

AÇÃO POLÍTICA
EM HANNAH
ARENDT

AÇÃO POLÍTICA em HANNAH ARENDT

Edson Teles

AÇÃO POLÍTICA EM HANNAH ARENDT
© Almedina, 2019
Publicado em coedição com a Discurso Editorial
AUTOR: Edson Teles
COORDENAÇÃO EDITORIAL: Milton Meira do Nascimento
EDITOR DE AQUISIÇÃO: Marco Pace
PROJETO GRÁFICO: Marcelo Girard
DIAGRAMAÇÃO: IMG3
ISBN: 9788562938153

Dados Internacionais de Catalogação na Publicação (CIP)
(Câmara Brasileira do Livro, SP, Brasil)

Teles, Edson
Ação política em Hannah Arendt / Edson Teles. --
São Paulo : Almedina, 2019.
Bibliografia.
ISBN 978-85-62938-15-3
1. Arendt, Hannah, 1906-1975 2. Ciência política
3. Filosofia política 4. Totalitarismo I. Título.

19-27638 CDD-320.01

Índices para catálogo sistemático:

1. Arendt, Hannah : Filosofia política 320.01

Cibele Maria Dias - Bibliotecária - CRB-8/9427

Este livro segue as regras do novo Acordo Ortográfico da Língua Portuguesa (1990).

Todos os direitos reservados. Nenhuma parte deste livro, protegido por copyright, pode ser reproduzida, armazenada ou transmitida de alguma forma ou por algum meio, seja eletrônico ou mecânico, inclusive fotocópia, gravação ou qualquer sistema de armazenagem de informações, sem a permissão expressa e por escrito da editora.

Agosto, 2019

EDITORA: Almedina Brasil
Rua José Maria Lisboa, 860, Conj.131 e 132
Jardim Paulista | 01423-001 São Paulo | Brasil
editora@almedina.com.br
www.almedina.com.br

Índice

Introdução: A filosofia política e o mundo da ação   9

1. O passado ausente e a crise da tradição   13

2. O totalitarismo e a impossibilidade da política   43

3. Pensar a experiência   71

4. Narrativas da política   107

Referências bibliográficas   123

Introdução

A filosofia política e o mundo da ação

PARA HANNAH ARENDT, o mundo contemporâneo viveu uma profunda crise iniciada com o esfacelamento da tradição. O fenômeno dos regimes totalitários constituiu o estado máximo de deformação da condição humana, pois o terror político visou destruir as individualidades, incapacitando-as para agir de modo livre e espontâneo no espaço público. O interesse da filosofia política de Arendt é o mundo humano, o artifício que homens e mulheres constroem com o objetivo de reconciliarem suas existências no espaço comum, no qual se comunicam e interagem. Na impossibilidade de viver a política, ou seja, ao se encontrar privada da presença e do diálogo com seus pares, cenário da Alemanha nos anos 30, Arendt refletiu sobre a dissociação entre o que a tradição do pensamento ocidental elaborava, como compreensão do mundo, e a realidade radical da experiência por ela vivida. A grande preocupação de sua obra foi relacionar o pensamento filosófico com o mundo dos assuntos humanos, como único modo de nos reconciliar com o estranhamento causado pelos novos dados da realidade. Influenciada pelo mundo em comum partilhado com os outros, a reflexão acerca da ação política leva-nos a imaginar um percurso de ruptura com a velha submissão do pensamento a uma razão dissociada da realidade.

A forma da narrativa, de sua experiência e do testemunho dos que compartilharam e refletiram o mesmo mundo, foi a escolha de Arendt para compreender as transformações do contemporâneo. Foi o que ela fez ao escrever *Origens do totalitarismo*, livro no qual procurou explicitar o elo da filosofia com o espaço comum dos homens em seus aspectos frágeis e instáveis. A necessidade de pensar a existência experimentada no presente e buscar laços com o que ocorreu no passado, os "tesouros perdidos", gera as possibilidades de vivência no futuro.

*

Por meio da ação os homens mostram *quem* são, suas identidades singulares, em contraposição ao *quê* são, suas qualidades e defeitos. A revelação das subjetividades permite distinguir a ação política de outra ação qualquer, sem a qual a política confunde-se com fabri-

INTRODUÇÃO

cação, ou seja, não passa de um meio de se produzir um objeto, de se atingir um fim. Como produto de processos lógicos e mecânicos, a política sem o livre agir torna-se algo artificial e fica impossibilitada de criar o novo, de apresentar soluções originais para as aporias dos assuntos humanos. Restringindo-se ao político especialista como único ser dotado da técnica de governo, a ação política reduz-se à produção de uma sociedade estagnada, propícia a uma ação dominadora.

Ao elaborar sua crítica à filosofia moderna, Hannah Arendt apontou, na conexão entre história e ideologia, o aniquilamento do novo e o falseamento da realidade. O século XX assistiu a uma definição da história como o conhecimento do passado enquanto um processo determinado, com etapas previamente definidas. Nesta situação, a ação dos homens deixa de ser algo que *é*, para se tornar o desdobramento de um encadeamento de fatos que seguem o curso inevitável dos eventos, tal como o delimita a lógica de uma ideia. A história lida e apresentada por uma perspectiva ideológica destrói os elementos constituintes da narrativa, a memória dos feitos e os sofrimentos marcantes da vida. Um olhar inequívoco e universal dissociado do real é a grave implicação introduzida pela visão da história como processo, na medida em que elimina as esferas singulares e inovadoras.

Se a história for lida como etapas necessárias, o passado perde em valor e deixa de ser elemento fundamental na construção dos valores éticos e políticos. A perda do passado, especialmente no campo da política, se deve a um lapso da memória, tanto por parte daqueles que deveriam herdá-la, quanto dos atores e testemunhas das ações passadas. Isso se deve ao fato de que a memória, enquanto modo do pensamento, fica impotente sem um quadro de referências que lhe permita reter o conhecimento. Estas referências são as finalizações que toda experiência pode ter, suas reflexões, lembranças e esquecimentos. O usufruto da herança do passado pelo presente é possível desde que a memória seja articulada com a livre construção da narrativa.

Na concepção de Arendt, a história deixa de ser uma sucessão de eventos, um tempo homogêneo e vazio, para ser pensada por meio dos rompimentos que quebram a continuidade temporal. Um dos elementos mais importantes na elaboração do passado é a subjetividade contida nas narrativas de experiências que revelem o sentido dos acontecimentos políticos do presente. Não se trata de tudo lembrar, nem mesmo de tudo esquecer; as narrativas não visam domesticar o passado como o pretende a razão política. A narrativa busca o passado que está fragmentado e que não pode ser transmitido pela tradição; ela é composta pelas memórias elaboradas a partir do encontro entre o lembrado e o esquecido, por aquilo que não fez parte do discurso oficial dos estados democráticos contemporâneos.

1.

O passado ausente
e a crise da tradição

O MUNDO MODERNO expôs as relações sociais e políticas diante de restos do que foi o passado, evidenciando a ruptura com a tradição e a ausência de orientação clara para o futuro. Entre as consequências das novas condições destaca-se a perda de sentido nas ações humanas e a dificuldade de compreensão do presente. A quebra nos padrões é resultante da insuficiência dos valores tradicionais em auxiliar o entendimento dos novos e imprevistos eventos da sociedade contemporânea. Hannah Arendt, perplexa perante os acontecimentos – especialmente com a implantação dos regimes totalitários – tratou de proceder a um exame crítico da tradição e do mundo moderno, com o projeto de compreender a importância e o papel do que ficou esquecido no passado e não é mobilizado no presente.

Segundo ela há uma brecha entre o passado e o futuro, um espaço e um tempo presente nos quais as referências do já vivido estão esgarçadas e dissolvidas em memórias institucionais sem sentido. O poeta e escritor René Char, sob a influência da herança do movimento de resistência francês, ao fim da II Guerra Mundial, escreveu: "nossa herança nos foi deixada sem nenhum testamento". Para Arendt, o aforismo de Char sintetiza a situação de perda dos "tesouros" do passado, o conteúdo da tradição que seleciona, preserva, transmite e identifica nossos valores.

Entretanto, a crise da tradição não significa necessariamente a perda do passado. A tradição é o instrumento que nos permite percorrer a vastidão do que já ocorreu com segurança. É, também, a ligação que cada geração tem com um aspecto específico do que se sucedeu anteriormente a sua existência. O conteúdo transmitido entre os tempos garante certa estabilidade, condição necessária para que o passado não seja esquecido. E a perda do passado, especialmente no campo da política, se deve a um ato de memória voluntário, mas também involuntário.

A memória, como modo do pensamento, fica estéril quando se encontra sem um quadro de referências que lhe permita reter as riquezas da experiência. São as reflexões, questionamentos e acesso às lembranças do acontecimento vivido. A perda na recordação do passado traz como consequência a privação de um importante aspecto da vida: a profundidade da existência, pois, para a filósofa, tal profundidade somente pode ser alcançada com o auxílio da memória.

Para atingir o que vai além das aparências de uma existência, impõe-se articular os atributos do pensamento e da ação (memória, recordação, narração) com os aspectos da realidade. Situar-se no mundo contemporâneo, quando pensamento e ação caminham desarticulados, requer a compreensão da crise por que passa a autoridade tradicional, bem como das novas condições criadas pela ruptura com os significados do passado. A autoridade, representada pela tradição, comunicava os valores concebidos num momento passado instituidor do organismo político. O pensamento, ao garimpar nas experiências do passado, nos dados da realidade, nos hábitos e costumes, cria as condições propícias para habilitar as faculdades da escolha e do julgamento. A capacidade de julgar e fazer escolhas são condições necessárias à constituição do corpo de normas e laços sociais e políticos.

Das origens

A tradição do pensamento político ocidental, dirá Hannah Arendt em *A condição humana*, teve seu início com a filosofia grega. No "Mito da caverna", Platão nos leva a imaginar os homens em um ambiente comum de sombras e enganos que deveria ser desprezado para que, fora desse mundo, fosse possível a existência livre dos enganos da *polis*. A visão negativa da democracia grega tem como evento marcante, na filosofia platônica, a condenação de Sócrates pela justiça ateniense na mesma *polis* onde ele convivia e dialogava com os outros, realizando a aproximação da reflexão filosófica com a realidade política. Tal fato afastou a nova filosofia política da contingência e fragilidade dos negócios da esfera pública, levando o filósofo a imaginar uma república governada pelos seus pares, com o paradigma de uma ação política racionalizada.

A distinção dos gregos entre quietude e ocupação correspondeu à distinção platônica dos modos de vida. Somente no sossego da contemplação a verdade poderia se revelar, sem qualquer movimento no corpo ou na alma, sem quaisquer preocupações ou cuidados. A tradição filosófica derivou o conceito *vita activa* da oposição ao modo de vida contemplativa e acabou por definir todas as ações dos homens, inclusive a atividade política, como um movimento voltado para a necessidade e para a utilidade. Sob o choque do julgamento de Sócrates pela *polis*, Platão condena o mundo dos negócios humanos e da *doxa*, inaugurando uma tradição do pensamento político.

O fim desta tradição teria ocorrido quando Karl Marx localizou a liberdade precisamente na esfera política, a qual os homens utilizam para a partilha do que lhes é comum. Do mesmo modo, a legitimação do poder político abandona os motivos externos à vida social, como a razão universal ou a natureza dos homens, e volta sua justificação para as relações intrínsecas ao vivido. Se a tradição teve início com o afastamento e o desprezo do filósofo em relação ao mundo público, é o seu retorno aos assuntos mundanos que põe fim a ela. Por meio de reflexão paradoxal e influenciado tanto pelos conceitos tradicionais, quanto pela percepção de que certas questões do presente não poderiam ser compreendidas no quadro de referências da mesma tradição, Marx adotou sua atitude de "rebelião consciente" frente ao seu mundo e ao seu tempo. A crítica de Marx à esterilidade dos conceitos modernos, especialmente diante da tensão política de nosso mundo, é o ponto a partir do qual Arendt se desloca para as origens da tradição. Para a autora, o exame de Marx frente à tradição propiciou a reflexão sobre o platonismo, a filosofia grega e a separação entre a vida contemplativa do pensar e a vida ativa do agir.

A herança transmitida pela filosofia política – formada pela tríade autoridade, religião e tradição – visa fornecer ao mundo permanência e durabilidade. A ruptura com o legado da tradição atinge seu estágio último com o esquecimento e a perda do papel estabilizador da autoridade, momento no qual a dúvida geral da modernidade transfere sua atenção das discussões teóricas para o domínio da política.

O mundo moderno caracterizou-se por uma quebra da autoridade política, adquirindo maior relevo com o aparecimento dos regimes totalitários. A perda da autoridade não foi fruto do totalitarismo e pode-se dizer o contrário: diante da crise dos governos e do sistema partidário de representação foram os movimentos totalitários que melhor souberam agir em meio à perplexidade diante da ausência dos tradicionais valores políticos. A crise atingiu proporção tamanha que mesmo autoridades pré-políticas, como a dos pais e dos professores, responsáveis por inserirem os recém-chegados ao mundo no qual eles nascem como estranhos, passaram a ser questionadas. No entanto, trata-se para a autora da reflexão não sobre a autoridade em geral, mas sobre a autoridade política que por longo período sucedeu no Ocidente.

Autoridade não deve ser confundida com força ou violência, fatores que atuam onde a autoridade fracassou; também não é persuasão, pois esta é uma ação entre semelhantes e realizada por meio da argumentação. O conceito de autoridade, de acordo com o pensamento tradicional, foi criado com o surgimento do Império Romano. Antes disto, entre os gregos, a experiência política ocorria, ou por meio da coerção – violência, opressão, servidão –, ou pela persuasão – palavra, diálogo, consentimento.

Violência é distinto de poder, pois, diferentemente deste, necessita de implementos, instrumentos. Os resultados das ações dos homens são inesperados, fogem ao controle dos atores, o que adiciona mais um elemento de arbitrariedade à violência, que em si mesma já possui esta qualificação. O espaço da violência é, dessa forma, aquele no qual a fortuna

O PASSADO AUSENTE E A CRISE DA TRADIÇÃO

ou o contingencial atuam de forma mais sinistra. A antiga definição dos gregos sobre as formas de governo previa o domínio do homem pelo homem (de um ou da minoria na monarquia e na oligarquia, dos melhores ou da maioria na aristocracia e na democracia). No mundo contemporâneo podemos acrescentar uma dominação ainda mais complexa: a burocracia, na qual nem os melhores, nem a maioria, nem um único homem são tidos como os responsáveis, ao que Hannah Arendt nomeia como o "domínio de Ninguém". Este último sistema de dominação é caracterizado pela falta de uma ética da responsabilidade, pois se o tirano não presta conta de seu governo, a população, por seu lado, não tem a quem recorrer ou reclamar, tornando impossíveis a localização da responsabilidade e a identificação do problema.

Quando, na antiguidade, os gregos definiram suas leis por meio da ideia de *isonomia*, ou quando os romanos adotaram a *civitas* como forma de governo, eles pensaram num sistema sem a relação mando--obediência, apostando nos conceitos de poder e de lei. Nos primeiros séculos da época moderna, os homens voltaram-se para este exemplo da antiguidade e constituíram a República, na qual devia-se obediência não mais a outros homens, mas às leis. Além disso, as leis deveriam ser validadas pelo consentimento do povo, o que confere às instituições políticas o poder. O mais provável é que jamais tenha existido um governo exclusivamente baseado na violência. Desse modo, o totalitarismo, que tem como instrumentos de dominação o terror dos campos de concentração e de extermínio, carece de uma base de poder e de sustentação. A violência, como dissemos, tem em sua natureza um caráter instrumental e, como todos os meios, depende da justificação pelo fim desejado. O poder não demanda justificação, mas legitimidade, que deriva mais da reunião inicial do poder do que de qualquer ação posterior.

No caso da persuasão dos antigos, o poder dos argumentos era sua forma política e os homens encontravam-se livres e iguais entre si, evitando o constrangimento das relações de dominação. Era na esfera pública que os homens interagiam em igualdade e livremente, por meio da isegoria e da isonomia. A isonomia indicava, entre os gregos, a igualdade dos cidadãos perante a lei, enquanto a isegoria era o direito que todos tinham de falar na assembleia e participar das decisões. A semelhança entre os homens, garantida pela capacidade que têm de se comunicarem entre si, e a igualdade de todos perante as leis do poder político, inspirou o uso igualitário da fala e dos gestos na *ágora*, a praça pública. De qualquer modo, é sempre preciso lembrar que as mulheres, os estrangeiros e os escravos, juntamente com as crianças e os adolescentes, não eram considerados cidadãos.

Enquanto no espaço público a forma de relacionamento com o outro era o convencimento por intermédio de argumentos e palavras, na vida privada do lar e do comércio imperava a relação de dominação e submissão. Onde as relações predominantes eram de coerção, o relacionamento se dava entre senhor e escravo; nem um, nem outro tinham acesso à liberdade. Os senhores encontravam-se livres somente quando se ausentavam das atribulações do lar e adentravam na igualdade da vida pública. Na *polis* da Grécia antiga, o cidadão exercia sua cidadania ao dispor de um tempo livre do trabalho, com a participação nos debates públicos da *ágora*, onde não havia a distinção entre governantes e governados. Desde a experiência ateniense até a época moderna, o pensamento ocidental concebeu o homem livre como aquele que não se ocupava com as atribulações da vida privada e do trabalho, o homem da *skhole*. A palavra *skhole*, bem como sua versão em latim – o *otium* –, significa a ausência de todas as atividades, inclusive da política. Em oposição a *otium*, a língua latina utilizava a palavra *negotium*, uma negação da contemplação por meio da dedicação à vida pública, aos assuntos humanos. Nos dias atuais, o ócio indica um tempo passado em preguiça e sem atribulações, ou no máximo, com um trabalho mental agradável e não muito custoso, a exemplo da leitura de um livro. Já o negócio está longe de se configurar pela atividade dedicada à esfera pública, indicando a vida econômica, com seus assuntos de interesses privados.

Autoridade e filosofia

Entre os gregos não se conhecia o significado da palavra autoridade, já que para eles a atividade política era uma variação entre relações de poder, ora coerciva, ora persuasiva. Destarte, sem a mediação da persuasão ou da coerção, a autoridade política seria consequência de uma obediência livre, algo regulador consentido por uma aceitação voluntária, em reconhecimento de uma sabedoria por parte daquele que detém a autoridade. A filosofia política grega procurou algum tipo de autoridade nas leis, as quais os homens obedeceriam por consentimento, livrando cada um de se submeter aos mandos de um outro. Platão, no livro *A República*, confrontou a realidade da *polis* com o governo racional do rei-filósofo. O conflito entre o filósofo e a *polis* – o julgamento e a morte de Sócrates – foi a realidade com a qual se deparou a filosofia ao formular sua teoria política. A persuasão mostrou-se ineficaz e mesmo injusta, condenando Sócrates e conduzindo Platão a procurar outra fonte de legitimação para o poder.

O elemento que daria fundamentação necessária à vida pública seria para Platão a verdade, princípio racional com poder de coerção, por ser autoevidente, e, portanto, mais contundente que a palavra persuasiva. Além disto, a verdade era estável e não corria o risco de perder seu sentido e as ideias verdadeiras não eram vulneráveis às contingências da pluralidade das opiniões. Porém, a verdade somente era acessível a uma minoria. Isto levou Platão a apostar no conhecimento especializado como princípio legítimo de coerção, pois governantes e governados pertenciam a categorias que lhes eram próprias e necessárias e a desigualdade entre eles era tão natural quanto outras relações já existentes entre os gregos, tais como as existentes entre médico–paciente, pastor–rebanho, senhor–escravo; relações estas que apontavam para a necessidade da competência e do domínio do conhecimento de comando. Desse modo, resolve-se o problema da fragilidade dos assuntos públicos, visto que o poder coercitivo da verdade não está nas opiniões (*doxa*), e transferem-se os critérios de legitimação da política para algo externo e anterior à relação entre os homens, as leis apreendidas pelo especialista, evidentes a partir do conhecimento da verdade.

Depois de ascender e contemplar o mundo das ideias, do lado de fora da caverna, o filósofo platônico regressa ao obscuro mundo humano, passando a temer pela própria vida, já que ao voltar do exterior, com os olhos ainda ofuscados pela luz da verdade, tem dificuldade para se mover e se comunicar com as pessoas que se mantiveram dentro da caverna. Para Hannah Arendt, enquanto a saída da caverna se refere ao momento dialético ascendente no qual o filósofo encontra a verdade, seu retorno ao mundo atribulado dos negócios humanos denota uma motivação política, porquanto o padronizar das relações seja uma tentativa de garantir estabilidade e previsibilidade à vida na *polis*. Mais ainda: o outro movimento dialético, descendente de retorno, submete-se a uma postura ética do filósofo, que se submete ao sofrimento da ira e do rancor daqueles que não o entendem, para iniciar a formação do novo cidadão da *pólis*.

Com o conceito de *poiesis* – a fabricação de algo criado tendo uma ideia como modelo –, o filósofo orientaria a produção de normas e padrões absolutos para o comportamento e o juízo moral com base nas ideias, assim como o artesão produz uma cadeira específica tendo a ideia geral de cadeira como padrão. É o momento no qual o pensamento político conhece pela primeira vez a figura do especialista na esfera dos assuntos humanos e, assim como o carpinteiro possui a competência para fazer a cadeira, o rei-filósofo seria o único capacitado a governar os negócios humanos.

No pensamento platônico, o agir e o discurso não figuram como as mais nobres características dos homens; a principal seria o desejo de ver, pois há uma prioridade do ver sobre o fazer e da contemplação sobre o agir. A partir disto, pode-se considerar uma classificação das atividades humanas seguindo uma hierarquia, do modo de agir mais elevado ao mais inferior: primeiramente, o movimento do filósofo de procura das ideias verdadeiras; em seguida, a fabricação das regras a partir das ideias-modelo; e, por fim, a ação política dos discursos e dos feitos, regulada pelos padrões de comportamento, sinal inequívoco da sujeição dos homens ao domínio da verdade e do bem supremo. Ao romper com a vida na *pólis* o filósofo deu existência a um distanciamento entre pensamento e realidade; a convivência entre os outros e a conexão com o agir deixaram de ser o objeto da reflexão política. O filósofo limitou-se ao diálogo de si consigo mesmo, deslocando-se da pluralidade da existência humana para o mundo contemplativo e iluminado das ideias.

Uma das principais características da ação é sua ocorrência juntamente com o discurso. Ação e discurso não são a mesma coisa e cada uma dessas marcas do agir político revelam um lado da pluralidade humana. O discurso é particularmente importante ao revelar o agente da ação, por meio de suas histórias, e ao dar o consentimento necessário para as realizações coletivas, enquanto a ação está diretamente ligada à questão da natalidade, do novo começo. A revelação do *eu*, autor e ator da ação, por intermédio do agir e do discurso, expressa a existência por meio do verbo e permite ao agente que se comunique sobre si mesmo, se mostre aos outros, com o fito de revelar sua singularidade. Para Hannah Arendt, a ação é essencialmente interação, estar e dialogar com os outros, situação na qual a comunicação por meio do discurso torna-se fundamental.

Os homens são iguais na medida em que pertencem à mesma espécie animal, e, mais importante, na possibilidade de se comunicar e se fazer entender entre si. Entretanto, são diferentes no fato de terem a capacidade de se comunicarem sobre si próprios, de se tornarem singulares, indicando mais do que uma alteridade. Por intermédio do discurso e da ação, o homem pode distinguir-se dos outros, pois são atividades que dependem da iniciativa própria de cada indivíduo. A ação é como uma marca do agente, a atividade que mais plenamente caracteriza o homem; sem ela deixa-se de ser humano, pois este é o meio próprio de se viver entre os homens.

Autoridade e política

Filosoficamente, a dicotomia entre a reflexão interiorizada da vida contemplativa e o ser refém das atribulações dos negócios humanos nasceu do mundo platônico das ideias. Entretanto, do ponto de vista histórico, a ideia de que alguns privilegiados teriam acesso à verdade incorporou-se a um sistema de governo somente na república romana. A ação política romana era caracterizada por sua constante referência ao momento fundador da cidade de Roma, procurando preservar e ampliar a fundação. O que era comum entre os gregos – estes fundavam uma *pólis* por onde quer que fossem – tornou-se o deci-

O PASSADO AUSENTE E A CRISE DA TRADIÇÃO

sivo momento original de toda história do poder de Roma. Para o cidadão romano, a remissão à origem como forma de legitimação da política era um ato de religação, um reencontro com o passado, de volta ao divino momento inicial, garantindo ao mundo uma autoridade. A autoridade fundamentava-se, portanto, num alicerce que oferecia eficácia e estabilidade à imprevisível relação entre os homens. O consentimento à autoridade tinha por base a crença na legitimidade de seu poder. Esta crença fundava-se ou numa ética, casos da tradição, do líder político e das leis, ou numa competência específica, por exemplo, o professor e o médico. Depois do momento inaugural da autoridade, era necessário reafirmar periodicamente a fonte do poder. Assim, a representação política da democracia moderna tem por base o conceito de autoridade, com uma ação fundadora no momento eleitoral, que faz do representante uma autoridade e tem seu poder renovado periodicamente pelo mesmo processo.

Autoridade em latim dizia-se *auctoritas*, a qual deriva do verbo *augere* (aumentar). Na política romana, quando se fazia uso da autoridade estava-se aumentando a fundação. O poder político do povo romano (*potestas*) era como um construtor que ampliava algo que teve suas bases lançadas em tempos passados pelos autores da fundação, os aristocratas da cidade. A autoria do momento original, ou os que dela descendem, os senadores, são os detentores da autoridade e não podem ser confundidos com o cidadão de

Roma, agente do poder político. Eram os homens que deveriam agir, mas era a autoridade que aumentava e sustentava o poder de agir de cada cidadão. A tradição preservava o passado, mantendo cada geração ligada ao testemunho das que viveram anteriormente.

Herdeira da política romana, a Igreja Católica soube transformar a morte e a ressurreição de Cristo na fundação do mundo ocidental, preservando a força da trindade romana – religião, autoridade e tradição. A estabilidade e o equilíbrio fornecidos pela autoridade permitiram que o cristianismo deixasse de ser a fé de alguns para tornar-se a religião do mundo, novamente colocando em prática a religação das ações do presente com um evento passado fundador da tradição. Por outro lado, a transição da Idade Média para os tempos modernos é resultado da secularização, ou seja, da separação entre as funções da religião e da política. Secularização que buscou descobrir na esfera da história os elementos de constituição do político. Hannah Arendt ressalta que foram pensadores que não tinham a menor dúvida de sua religiosidade que levaram a cabo essa separação entre Igreja e política. Esses pensadores foram buscar no direito natural a fundamentação para os novos organismos políticos, procurando encontrar no secular os elementos estáveis e independentes de legitimação.

A separação entre Igreja e Estado, ou antes, entre religião e política, colocou a questão da mortalidade como base de uma cidadania nascente. Na antigui-

O PASSADO AUSENTE E A CRISE DA TRADIÇÃO

dade, os gregos consideravam os homens mortais e as coisas do mundo eram imortais. Assim, o objetivo dos homens era imortalizarem-se. A necessidade de lidar com a mortalidade levou os gregos a fundarem o corpo político como algo duradouro e estável. A confiança num mundo imortal fez com que os homens imortalizassem seus atos em narrativas e memórias, conferindo notoriedade permanente aos atores do mundo, mesmo após a morte. Já o homem moderno não dispunha do mundo imortal. Sob influência de Santo Agostinho, a Idade Média concebeu o mundo como perecível e forneceu imortalidade aos homens, habilitando-os para a continuação da vida após a morte. A secularização, no início da época moderna, trouxe ao homem a preocupação com sua mortalidade, tanto quanto com a mortalidade das coisas humanas.

Não foi mais o medo do inferno, ou da perda de uma vida tranquila após a morte, que motivou a ação cidadã na época moderna. O filósofo inglês Thomas Hobbes mostra como cada um pode transferir seu poder ao soberano para que este os proteja da violência entre os homens. Na obra *O Leviatã*, de 1651, Hobbes expõe sua teoria de constituição do Estado: a ideia de que o "homem é o lobo do homem", ou seja, na situação que antecede a criação do Estado soberano, os homens vivem numa "guerra de todos contra todos", cada qual seguindo os instintos de suas forças individuais, submetidas às paixões. Esses instintos ditam ao homem que ele deve conservar sua vida e, para isso, deve rivalizar-se contra os outros. Porém, é esse mesmo instinto de conservação, com o auxílio do uso da razão, que levará os homens a se acordarem na necessidade de cada um sacrificar sua liberdade natural em busca da paz, transferindo a soberania de sua existência individual ao corpo político do Leviatã, o Estado hobbesiano.

A mortalidade dos homens, somada ao caráter mortal do mundo, levou a humanidade a buscar algo que pudesse imortalizar sua presença na Terra, num campo de ação estritamente secular. Esse movimento de procura do imortal é que se manifesta no conceito moderno de história, ao prolongar uma linha hierárquica de acontecimentos (passado, presente e futuro). Assim sendo, a diferença dos homens em relação ao resto da natureza era, para os antigos, a palavra e o discurso (*lógon ékhon*); para os medievais, a ideia de que os homens eram dotados de razão (*animal rationale*); e na era moderna, o fato de apenas os homens possuírem história, uma espécie de imortalidade. A secularização marcou de vez o fim da única experiência política baseada na autoridade – a fundação de Roma –, que, ao ser esquecida na era moderna, deixou a sociedade sem referências. A perda da referência no passado é tamanha, que os modernos fundam a sociedade civil a partir de uma ficção pretérita: o Estado de Natureza.

O PASSADO AUSENTE E A CRISE DA TRADIÇÃO

Fabricar o mundo

A descoberta feita por Galileu Galilei, ao inventar o telescópio, de que a Terra gira em torno do Sol e não o contrário, como nossos sentidos insistiam em acreditar, foi o evento primeiro e mais importante a atingir os que sustentavam a tradição. A partir deste acontecimento, uma desconfiança geral desestabilizou a crença humana na autoridade da religião e no bom Rei medieval, secularizando a política e tornando os sentidos inaptos como fonte de conhecimento verdadeiro. Em substituição às crenças na autoridade medieval, houve a valorização dos artefatos construídos pelos homens que, tal qual a invenção de Galileu, passaram a ser utilizados como os instrumentos mais adequados para ver a verdade. A contemplação do filósofo e da religião perdeu sua função e foi substituída pela fabricação de novos e mais potentes instrumentos de interpretação da realidade. A hierarquização do pensar sobre o agir, experimentada pela primeira vez na filosofia grega, não é simplesmente invertida com a valorização dos assuntos humanos no moderno, mas um de seus elementos, o agir, é substituído pelo fazer. As revoluções científicas que se seguiram a Galileu excederam o caráter utilitarista da ciência moderna e iniciaram um processo de transformação do espírito humano.

A dúvida cartesiana foi a primeira reação da filosofia às novas descobertas científicas, pois os fi-

33

lósofos deixaram de aceitar o antigo pressuposto de que a verdade era autoevidente ou se revelaria por si mesma. Assim como as filosofias antiga e medieval estiveram afastadas da contingência e da pluralidade humana, a filosofia moderna fixou a faculdade da razão como o lugar onde se compartilha um sentido com os outros, desprezando o mundo comum dos eventos e assuntos públicos.

Ao localizar a verdade no sujeito, as descobertas científicas dos séculos XVI e XVII influenciaram diretamente a filosofia moderna. A consequência imediata do novo lugar do homem com relação à verdade é a ideia de que apesar de parecer ser incapaz de reconhecer o mundo dado ou natural, ele é apto a conhecer qualquer coisa fabricada pelo engenho humano. Seguindo os caminhos da filosofia moderna, Giambattista Vico, em seu livro *Princípios de uma nova ciência*, voltou-se para a história, compreendendo-a como algo acessível, feito pelo homem, diferentemente da natureza, que o homem não fez e que por isso mesmo é inacessível. O único conhecimento compreensível seria a história, a qual teria sido construída nas ações políticas, conjunto de processos criados pelos homens, que reconhecem na sucessão de mudanças e eventos o produto de suas ações. A ênfase do conhecimento, no pensamento moderno, deslocou-se para os processos evidenciados pelas etapas e fornecendo de antemão a distinção entre o que o homem fez e o que foi criado pela natureza. A principal característica de um processo são as etapas a serem percorridas durante sua execução; ele tem um início conhecido e um fim previamente concebido, contendo regras de criação e desenvolvimento, bem como um termo final. Em vista disso, Vico não se esforçou em descobrir os segredos da natureza; pensava ele que os processos divinos, criadores da natureza, eram incompreensíveis para quem não havia participado de sua elaboração.

Entretanto, descontente em apenas observar e registrar a criação e o desenvolvimento dos processos naturais, o homem moderno, após Vico, tratou de copiar, recriar e impor condições à natureza, iniciando processos similares controlados pela ciência. Acontecimentos até então insignificantes ou que nem mesmo viessem a ocorrer, passaram a ser instrumentalizados em experimentos e de acordo com a vontade dos homens. A ciência moderna relacionou os conceitos de natureza e história em termos de processo. Para Arendt, Vico, mesmo sendo considerado um dos pais da História enquanto ciência, não teria se voltado somente para os processos históricos se vivesse no mundo moderno, pois o advento da tecnologia transformou os homens em criadores de uma infinidade de processos, inclusive procedimentos de caráter natural, como a biogenética, a fissão nuclear, a clonagem etc. Dessa forma, nos dias atuais "fazemos a natureza", tão quanto para Vico os homens "faziam a História". A principal implicação dessa tomada filosófica dos processos é o desinteresse em relação às humanidades na contemporaneidade; quando os homens perceberam que poderiam criar processos naturais, tal como faziam na história, seus interesses voltaram-se para essa atividade de criador, antes considerada divina pela tradição.

Descaracterizada da função até então experimentada, a história deixou de ser a descrição de eventos e obras com consequências na vida dos homens e foi compreendida como o único processo totalmente fabricado pela humanidade. A fabricação do processo histórico objetivou a estruturação de um mundo sólido e de duração permanente, capaz de proteger os homens das adversidades e imprevisibilidades encontradas na existência plural dos homens. Crente de que poderia racionalizar todas as experiências na Terra, sejam as que ele próprio produz, ou as que lhe são dadas prontas, o homem tratou de experimentá-las dentro de condições sob controle, tornando-se cônscio de sua capacidade de iniciar novos processos. Destarte, a realidade evidente para o olhar humano foi ofuscada pela eficiência dos processos, antes invisíveis. Dissociou-se a singularidade dos acontecimentos de seu significado universal, revelando uma cadeia de causalidades independentes dos eventos que deviam estar limitadas pelo invólucro do processo para ter significado.

A consciência histórica

A consciência de que vivemos uma sequência histórica não surgiu com os gregos ou com os romanos; ela iniciou-se no século XVIII e teve seu auge na filosofia de Hegel. O início de uma nova filosofia da história foi marcado pela valorização da ação e da filosofia, por meio de novas e ricas filosofias políticas. Os novos pensadores procuraram pensar a política pela teorização sobre o futuro, tencionando libertar-se de um passado indesejado. Ao contrário de Aristóteles e dos escolásticos, que colocavam como esforço essencial da filosofia a pesquisa das causas primeiras, a nova filosofia política esforçou-se por elaborar uma teleologia da ação.

Ao inverter certos conceitos modernos, Karl Marx obteve a subversão da hierarquia entre pensamento e ação, elevando em importância a última. A localização da verdade na esfera dos assuntos humanos delimitou, para Arendt, o fim da tradição política originada no afastamento do filósofo em relação à *polis*. Marx amparou suas análises na realidade de seu tempo, esforçando-se por compreender as mudanças vividas na era moderna, tais como as revoluções Francesa e Industrial. Os pensadores modernos, tal como Marx, que se empenharam em escapar do tradicional, apenas anteviram os problemas da crise que se anunciava e que os deixavam perplexos; anteviram as fissuras precedentes da ruptura, mas anda não a própria quebra dos padrões tradicionais. A crítica à tradição estivera nas fronteiras entre a existência da tradição e um tempo sem autoridade, realizando uma "transvaloração dos valores", como escreveu Nietzsche – numa espécie de platonismo às avessas, ao levar os homens a permanecerem na "caverna" dos assuntos humanos e aí experimentarem a liberdade política.

Apesar do vazio experimentado, certos conceitos tradicionais mantiveram-se ativos no presente e em alguns casos com mais força do que quando se tinha uma noção de seu início, como uma espécie de dogma. Isso mostra que a influência da tradição não depende da consciência que os homens têm dela e, segundo Arendt, em apenas duas ocasiões a humanidade esteve consciente da autoridade da tradição: a primeira, quando os romanos adotaram a filosofia e a cultura da Grécia antiga, inserindo-a definitivamente no pensamento europeu e, posteriormente, ocidental; a segunda oportunidade na qual a humanidade fez uso de certa tradição foi na Renascença, quando o movimento de ruptura com o medievo recorreu à antiguidade, às próprias fontes da tradição.

Já os "pensadores rebeldes" do século XIX – Marx, Kierkegaard e Nietzsche –, ao subverterem os pressupostos básicos da tradição, prenunciaram os eventos marcantes da ruptura definitiva da era moderna com os padrões de pensamento que coordenaram a filosofia e as ações humanas por mais de "dois mil anos". Ao tentarem romper com a tradição fazendo uso de

O PASSADO AUSENTE E A CRISE DA TRADIÇÃO

velhos recursos, eles trataram de conceitos diferentes, mas criaram reflexões similares em suas rebeldias. A rebeldia desses pensadores está na oposição a conceitos sem correspondência com a realidade, concepções predefinidas que dificultavam a atividade do pensamento. A importância da rebelião encontra-se na crítica ao conceito de homem como *animal rationale*, bem como nas formas de subverter essa concepção por meio de reviravoltas, inversões e transformações dos conceitos tradicionais. Nessas operações havia a insistência em afirmar elementos, tais como a prática, a vida sensível e a contingência, em contraste com a teoria, o intelecto e o determinismo, expondo a tensão na qual se movia a tradição. A ruptura só foi possível pela crítica de Hegel à divisão cartesiana entre *res cogitans* e *res extensa* e entre conhecimento e realidade ao tratar da ciência histórica.

A introdução do moderno conceito de história em meio às discussões do pensamento político foi gradativa e teve na figura de Vico o seu pioneiro, o qual influenciou autores como Tocqueville e Marx a pensarem as relações entre os homens em conjunto com a questão histórica. A conexão entre política e história no pensamento de Karl Marx desenvolveu-se na ideia de que o homem pode "fazer a história", um pensamento surgido a partir da ideia de Vico de se conhecer apenas aquilo que se produz. Entretanto, uma das principais diferenças é que Vico considerava a história como uma ferramenta teórica – o olhar retrospectivo do historiador revelaria a verdade –, enquanto para Marx funcionava como um princípio de ação. Ele considerou que o olhar, ao se voltar para o passado, mostraria não somente a verdade, mas também os fins políticos da ação dos homens no futuro. Transformada em "desígnios superiores" da história, a crença numa vida futura poderia degenerar o significado e o sentido das ações, transformando-as em meios e fins em si mesmas, como se o desdobramento dos acontecimentos históricos inevitavelmente levasse à realização da liberdade.

No mundo moderno parece ter sido invertida a relação entre um evento qualquer e a significação que ele adquire durante seu transcurso, relacionando o significado da ação a um objetivo final, compreendendo as atividades humanas dentro de um invólucro no qual se sabe de antemão a regra de seus movimentos, bem como a profundidade de seu conteúdo.

A ruptura entre ação e pensamento

Ao fim da transformação dos sentidos das ações em finalidades perdem-se as reais significações dos eventos, convertendo cada fim em um novo meio de se alcançar outro fim, envolvendo o agir num processo de fabricação da história. A fabricação de algo tangível demanda um processo previamente concebido, seguindo um percurso do qual se tem ciência

O PASSADO AUSENTE E A CRISE DA TRADIÇÃO

de suas etapas e de seu produto final. O sentido seria perceptível por intermédio do descobrimento ou da revelação no momento em que ocorre a ação, ao passo que a consciência histórica capta premeditadamente os padrões de comportamento.

Se a produção dos homens, ao fazerem a história, objetiva alcançar o fim mesmo do acontecimento, chega-se a um ponto no qual a antiga tentativa de dar estabilidade à fragilidade dos assuntos humanos torna-se uma mera imagem do fazer. Quando não se pode mais atribuir sentido novo a evento algum, perde-se a capacidade de olhar para trás, em direção a uma série de acontecimentos particulares que constituem o passado. E sem esse retro-olhar não é possível pensar com profundidade nossa existência, pois se perde a herança do que ocorreu com as gerações anteriores, impedindo a junção da sabedoria prática com a sabedoria teórica, conhecimento indispensável para mover-se entre os outros na teia de relações humanas. Para Arendt, se não sabemos quem somos – pois não sabemos de onde vêm nossos pensamentos e nem mesmo ao que eles reagem –, como poderemos comunicar algo coerente a alguém.

A perda de significação dos eventos históricos fez o interesse inicial dos modernos pela ação política se transformar em uma filosofia da história contemplativa, na qual a ênfase recaiu sobre as instituições, os contratos sociais, o universal. Em um mundo onde qualquer iniciativa tem por fim um objetivo programado, a ação passa a ser a mais desprezível das atividades humanas, porquanto serve a interesses, paixões e desejos egoístas. Diante da fragilidade da ação humana, pareceu adequado aos filósofos modernos perseverarem na qualidade significativa do processo histórico, conferindo a este uma dimensão na qual nos reconciliaríamos com a realidade. Sem a atividade de rememorar os acontecimentos vividos, os feitos e as palavras tornam-se as coisas mais fúteis e perecíveis.

No mundo moderno todos os processos são revelados ou fabricados pelos homens, que não percebem o significado comum e singular no próprio evento. Perdeu-se o mundo compartilhado de valores e, com isso, os homens passaram a viver isoladamente ou comprimidos em uma massa uniforme, na qual eles se relacionam de maneira automática, carentes de um espaço comum. Situação que colocou as relações políticas diante de duas possibilidades: por um lado, é enorme a dificuldade de se mover com segurança entre os outros, tamanho o descrédito de tudo o que não é visível, tangível, palpável, abrindo-se a possibilidade de perda do passado juntamente com a quebra da tradição; por outro lado, a falta dos padrões de comportamento permitiu encarar o passado sem o peso da tradição, possibilitando o acesso às experiências vividas, sem as limitações prescritas por qualquer autoridade

2. O totalitarismo e a impossibilidade da política

A QUESTÃO CENTRAL no pensamento de Hannah Arendt, que a deixou perplexa, foi a profunda crise iniciada com o esfacelamento da tradição exposta com a ocorrência do fenômeno totalitário, estado máximo de deformação da condição humana. O totalitarismo significou o contato com a realidade inaugural de suas reflexões sobre a política, diante da qual ela propõe uma análise da condição humana com base nos mais recentes acontecimentos. O terror sistemático do totalitarismo, como vimos no capítulo anterior, destruiu a individualidade ao incapacitar o sujeito a agir de modo livre e espontâneo. No lugar da visibilidade e da comunicação pertinente à esfera pública, o totalitarismo impôs os campos de concentração e o diálogo entre os cidadãos foi sufocado e amordaçado por "um cinturão de ferro", como dizia Arendt, que desfez a possibilidade de um espaço de encontro da pluralidade marcante das relações sociais, criando o homem da massa, fabricado para agir de acordo com o bando. O terror suprimiu o espaço que havia entre os homens e calou a comunicação, aniquilando, por completo, o político.

No palco das ações políticas os homens deveriam se relacionar livremente, sem o que passa a negar sua própria condição de existência enquanto ser vivente qualificado pela vida em sociedade. O surgimento do sistema totalitário desfigura a pluralidade, reduzindo o indivíduo a uma partícula mínima dentro de uma sociedade atomizada. A capacidade dos homens de se comunicarem, ao atuarem como espectadores, autores e atores na cena política, foi perdida com a ruptura entre o pensamento e a realidade provocada pela crise do mundo moderno. A comunicação garante que a singularidade de cada indivíduo seja transformada em discurso na pluralidade que conforma a esfera pública. Sem um relacionamento compreensível – e a compreensão demanda a articulação entre o senso comum e a significação que cada um faz do mundo – os homens perdem seu caráter plural, eliminando também sua inserção em um mundo comum.

Ao se perder o contato com os outros, deixa-se de acreditar no testemunho de seus contemporâneos. Se o homem se priva da interação com os outros, acaba por inviabilizar seu diálogo interior consigo mesmo, no qual ele define suas opiniões. Dessa forma, o indivíduo interrompe o contato com a realidade.

O TOTALITARISMO E A IMPOSSIBILIDADE DA POLÍTICA

Os acontecimentos totalitários causaram sobre o pensamento um deslocamento: as reflexões, desprovidas da tradição, não dão mais conta de pensar a novidade totalitária e o mundo que dali surgiu. A falta de um local para o pensamento aponta para a incapacidade do homem de reconhecer o mundo que o circunda; o seu rompimento com a realidade é a alienação em relação aos seus laços sociais e ao mundo em que vive.

O espaço da admiração

O mundo comum, para Hannah Arendt, é caracterizado pelos eventos ocorridos na esfera pública. O termo público exprime tudo o que é dito, visto e ouvido por nós ou pelos outros, ou seja, o aparecer das ações humanas constitui a realidade. Todas as marcas e sentimentos de nossas vidas, quando deixam de ser privadas e se tornam manifestas publicamente, são transformadas em realidade. É a presença dos outros, ao ver, dialogar e interagir na pluralidade, que garante a realidade de nossos juízos e avaliações.

Para Hannah Arendt há dois tipos de sentimentos privados que não podem ser exibidos na esfera pública: a dor e o amor. A dor é uma experiência que não possui uma forma para fazer sua aparição, pois, de fato, ela nos priva da própria percepção da realidade e, se não podemos ver e ouvir os outros,

AÇÃO POLÍTICA EM HANNAH ARENDT

também não conseguiremos expor o que somos. Por outro lado, com a grande exposição à esfera pública se ofusca outro sentimento: o amor. No público, somente o que é relevante para o conjunto dos indivíduos é tolerado.

O termo "público", na teoria arendtiana, identifica a manifestação ocorrida entre os homens e a existência de um espaço em comum. Não é o mundo geográfico da Terra, local limitado de movimentação dos homens e da vida biológica; mas o mundo dos artefatos que os homens produzem com o objetivo de garantir uma melhor estadia em sua habitação. Esfera na qual todos os objetos fabricados pelas mãos humanas atuam e propiciam uma melhor convivência.

A importância dos artefatos está em criar um ambiente adequado para a reunião de uns na companhia dos outros, sem que ocorra choque e desarmonia, visto que são os objetos do mundo comum que fornecem estabilidade às instituições políticas. No entanto, aquilo que é comum a todos – que Arendt extrai da palavra grega *koinon* – somente tem o caráter de público quando for fabricado para durar além da vida de seu fabricante, com a qualidade de fornecer permanência às relações entre os homens. Enquanto bem comum é a satisfação de desejos e necessidades dos homens em sua estada na Terra. E o mundo comum é a esfera que adentramos ao nascer e deixamos ao morrer. A diferença está na qualidade tangível e objetiva dos artefatos do mundo, enquanto

O TOTALITARISMO E A IMPOSSIBILIDADE DA POLÍTICA

as necessidades e desejos, do bem comum, seguem a critérios subjetivos.

O mundo comum é a ligação existente entre nós, que hoje o habitamos, e aqueles que, ou já estiveram neste mundo, ou virão a se encontrar nele depois de nossa partida. A única garantia para a permanência desta construção humana é a constante aparição pública da ação política, realizando a articulação dos significados e funções da vida coletiva, sem o que toda a esfera pública seria posta em perigo.

A admiração dos outros, comunicada e percebida por meio dos objetos produzidos e realizada com a aparição pública, depende de um caráter duradouro que lhe dê imortalidade diante da futilidade da vida cotidiana. Em certa medida, o declínio do público na era moderna deve-se à maneira banal como as ações humanas são tratadas, ao modo como os homens modernos consomem sem muitos critérios a produção do mundo comum. A importância da aparição pública, em contraste com a futilidade do consumismo, está em que o mundo comum não comporta a existência de dois corpos num mesmo espaço. Na esfera pública, cada um ocupará um lugar diferente e, por consequência, a singularidade de cada indivíduo representará um ponto de vista sobre os acontecimentos. A realidade do mundo só pode ser garantida quando muitas pessoas veem uma diversidade de aspectos, sabendo se tratar de um mesmo objeto.

Dessa forma, a destruição do mundo comum inicia-se pela eliminação das várias perspectivas que o olhar plural do conjunto de indivíduos pode fornecer acerca de um objeto. Em geral, isso ocorre no interior da família, quando as perspectivas se resumem a um só ponto de vista e, geralmente, são formuladas por meio do domínio do chefe de família; ocorre também nas tiranias, quando os indivíduos não possuem um espaço de convivência entre eles; e, por fim, a eliminação das várias perspectivas pode acontecer numa sociedade na qual os indivíduos encontram-se reunidos, porém atomizados em uma vivência sem significado e sem liberdade, marcas características do mundo moderno. Nestes casos, as relações sociais estão privatizadas, de modo que o mundo comum deixa de existir na medida em que ele passa a ser descrito sob uma única perspectiva.

A ausência do outro

Hannah Arendt define o privado por seu aspecto de privação, de negação do acesso a alguma coisa. Os homens, nesta situação de privação, encontram-se destituídos das coisas com as quais eles formam sua humanidade. Por um lado, o homem está privado da realidade produzida na aparição pública e, por outro lado, privado da realização de algo mais estável. A marca da privação é a ausência da pre-

O TOTALITARISMO E A IMPOSSIBILIDADE DA POLÍTICA

sença dos outros e de um mundo comum. Privado da relação com os seus pares, os homens não têm como se apresentarem uns aos outros e, dessa forma, não podem dar conhecimento sobre si e nem entre si. Todas as atividades realizadas na esfera privada permanecerão sem importância, como se não existissem na realidade do mundo. Para Arendt, no mundo moderno o fenômeno da privação dos assuntos públicos provocou a atomização das pessoas em uma massa de indivíduos solitários, com um acesso superficial às relações sociais.

A privação de acesso ao mundo público implicou na perda de um espaço comum que poderia ser herdado do passado e se destinaria a conferir permanência às relações futuras. No entanto, a inversão moderna transformando os assuntos privados em questões de interesse geral alterou a esfera pública para o espaço do social, o conjunto de seres atomizados e dispersos uns em relação aos outros. O mundo comum deixa de ser o espaço compartilhado por todos, para ser privatizado por interesses particulares e no qual o que permanece não é uma estrutura estável, mas a repetição de um processo cumulativo de riquezas. A grande preocupação permanente passa a ser os interesses privados, levando à instituição da esfera do social, na qual tudo o que é tangível e que poderia fornecer alguma estabilidade para os assuntos humanos torna-se objeto de consumo.

Alienação do mundo

A crise da sociedade moderna deflagra o abandono da ação, uma alienação em direção ao interior do próprio sujeito. A transferência do conhecimento do mundo para processos desencadeados e controlados pelos homens configura, para Hannah Arendt, a constituição de um subjetivismo desterrado, do indivíduo perdido na massa, um ser "desolado", sem solo e sem lugar de pertencimento. Neste conhecimento em que o sujeito encontra-se desenraizado, a certeza somente pode ser alcançada no interior de cada indivíduo. É a própria mente que produz, por meio do raciocínio (lógico, claro e distinto), a consciência das coisas, de forma que apenas na introspecção o sujeito teria acesso às certezas. Distante de qualquer atividade discursiva ou dialógica, o homem de massa não se integra a nenhum grupo de interesse, partilhando no silêncio as "certezas" mais gerais da sociedade.

Segundo a autora, as ideias de durabilidade, estabilidade e permanência concebidas pela filosofia política moderna – via contrato social, vontade geral e consentimento – foram, de modo gradual, corroídas pela dinâmica imprevisível da vida. A necessidade de manter-se vivo levou o homem moderno à sujeição aos processos de produção em abundância e consumo do produzido. O mundo dos processos de trabalho promove a privatização das atividades

O TOTALITARISMO E A IMPOSSIBILIDADE DA POLÍTICA

humanas, inclusive das conhecidas como atividades públicas, a exemplo da política. Numa sociedade dominada pela submissão à produção, as proposições das classes dominantes se confundem com os temas de domínio público, levando os interesses privados a dominarem a esfera pública.

Para Arendt, o corporativismo dos interesses comuns, somado ao aparecimento de uma comunicação de massas e um ineficiente sistema de representação e associação política, implicou a perda de legitimidade do sistema democrático. Tendo em vista os conceitos modernos de sociedade e social, podemos dizer que a sociedade encontra-se, tal qual foi analisado, privatizada em proveito das classes dominantes em oposição ao social, ou seja, todo o resto da humanidade, supostamente representada na sociedade.

Afastados das instâncias de decisão dos assuntos públicos, os homens são caracterizados pela indiferença, conformidade e isolamento, realizando atividades com comportamentos previsíveis. A questão da necessidade e as novas situações de desumanização da condição humana levaram à fundação de um novo sistema de governo, independente de acordos e contratos, sem dar ouvidos à vontade geral dos cidadãos e com base no trato burocrático dos assuntos comuns, a sociedade de massas. O que une as pessoas nestas condições são as necessidades de subsistência da espécie e não mais o interesse em constituir uma esfera pública na qual a liberdade possa se manifestar, aparecer. O discurso da igualdade de direitos transformou-se na igual possibilidade dos homens de fazerem uso de sua capacidade de trabalhar. A esfera privada das necessidades se expandiu até consumir a publicidade dos assuntos políticos, apoderando-se de todas as instâncias da vida e criando um ser humano dependente da futilidade do consumo.

A sociedade de massas

Um dos fatores mais aludidos, quando nos referimos aos regimes totalitários do século XX, é o papel da propaganda e isso ocorre por causa do grande apoio das massas que estes regimes receberam. Dentre as principais características deste apoio está a convicção aparentemente inabalável dos adeptos dos movimentos totalitários. Mesmo quando o movimento expande aos seus seguidores a lista de inimigos, estes continuam apoiando o regime. Sendo um dos fatores de sua perplexidade diante do totalitarismo, Arendt constata que os efeitos do conformismo total parecem ter destruído a própria capacidade de sentir, mesmo que algo tão extremo como a tortura ou os campos de concentração. Os movimentos totalitários não só procuraram organizar as massas a seu favor, mas também dependiam da força bruta desse tipo de organização social para ser eficiente. Essa força bruta era fundamental para o totalitarismo, pois em um país com pequenas dimensões e população reduzida o movimento enfrentaria problemas, mesmo em situação que lhe seja favorável.

A ascensão de uma sociedade atomizada das massas implicou, para Arendt, no fim de duas ilusões do regime democrático: primeiramente, a de que a população participava ativamente dos negócios públicos, seja diretamente, seja por meio de seus representantes e respectivos partidos políticos, mostrando que uma democracia podia funcionar de acordo com normas que, no fundo, se aplicavam por meio da violência; a segunda ilusão desfeita com os movimentos totalitários foi a ideia de que a grande parte da população que não se pronunciava na política era politicamente indiferente à coisa pública, formando um silencioso apoio social.

Contudo, ficou claro que os governos e regimes democráticos dependiam tanto da tolerância e aprovação dos setores indiferentes e desarticulados da população, quanto das instituições e organizações formadoras dos Estados-nações do começo do século XX. Diante disso, não foi difícil para os líderes totalitários convencerem as massas de que os parlamentos eram desprezíveis e que a constituição da soberania política da maioria da sociedade era desnecessária para enfrentar a realidade.

As massas, sob a organização totalitária, não se articulam com base em interesses privados, de classes ou partidários e ideológico, não há um conhecimento de interesses comuns à população. A massa apática, que aparentemente nunca se interessou pelos assuntos públicos e, portanto, não tinha vícios ou vínculos com determinada prática, permitiu o surgimento de modos totalmente novos de propaganda e experiência política, formando um novo contingente de pessoas interessadas em assuntos do governo, contrário aos fundamentos tradicionais e indiferentes a qualquer oposição ao recente discurso adquirido. A sociedade de massas era composta por pessoas rompidas com o regime representativo, optando pela morte em vez da persuasão e pelo terror no lugar da convicção. Os movimentos totalitários utilizam-se das regras democráticas para depois corrompê-las, pois a democracia somente se mantém se a maioria da população estiver articulada em grupos de interesses e organizada em uma ordem política, única garantia à igualdade de todos perante as leis.

A característica de indiferença das massas não foi fruto apenas dos movimentos totalitários. A competição consumista e individualista inaugurada pelo mundo moderno criou um grupo de pessoas, numeroso, que não tinha acesso às heranças de valores e padrões morais e não possuíam uma representação dentro do tradicional sistema partidário. As massas perverteram e subverteram, a partir do próprio sistema, suas regras e hierarquias sociais, sendo influenciadas por convicções universais a todas as classes sociais. O sistema representativo na política

O TOTALITARISMO E A IMPOSSIBILIDADE DA POLÍTICA

entrou em colapso e serviu para promover o afastamento do povo das estruturas de decisão política. A maioria silenciosa foi transformada em uma grande massa descrente da opção democrática, decepcionada diante de parlamentos desonestos e autoridades sem legitimidade.

O homem das massas nasceu de um ressentimento egocêntrico de fracasso individual perante o novo cenário, destituído de um interesse comum, pois o malogro era pessoal, o que enfraqueceu ainda mais a ação de autoconservação da vida, transformando este fenômeno num acontecimento de massa. O ressentimento surge de uma negligência às origens de sentimentos que se situam, em geral, nos limites do intangível, a recalques e frustrações de sentimentos como amargura, rancor, ódio e hostilidades impotentes.

A principal implicação foi a perda do interesse do indivíduo sobre si mesmo, gerando um desprezo pelo senso comum e, consequentemente, o desinteresse pelos assuntos do cotidiano, os temas da política. Podemos dizer que a atomização dos indivíduos precedeu e criou as condições para o surgimento da sociedade de massas, pois antes deste estágio o isolamento e a estrutura competitiva do consumismo eram amenizadas pelo fato de se pertencer a uma classe ou grupo social que serviam de base para as relações sociais. O mais importante para a institucionalização do movimento de massas era sua condição de atomização, mais do que a própria estrutura da sociedade.

Uma das exigências para a massificação da política é, portanto, a liquidação dos grupos sociais e de suas relações, eliminando assim a solidariedade e a consciência dos segmentos da sociedade, empecilho para a aplicação universal de uma ideologia.

A imposição violenta das ideias totalitárias, diferentemente das experiências despóticas e tirânicas vivenciadas pela tradição, não segue a uma *raison d'état*, pois nenhum dos grupos que o totalitarismo procurou eliminar era inimigo direto do regime. O objetivo foi criar uma igualdade de condições que eliminasse a diferença entre governantes e governados, acabando inclusive, além dos laços sociais, com quaisquer ligações familiares ou interesses comuns, ou seja, por fim, eliminar todas as atividades autônomas. Não há, para os movimentos totalitários nenhuma atividade que tenha seus fins em si mesma e toda atividade deverá ser voltada para a aceleração do próprio movimento, já que a uniformidade homogênea é condição para o totalitarismo.

Para a tradição, a ação política é caracterizada pelo mando de alguns e a obediência da maioria, seja por meio da persuasão, da autoridade, ou mesmo pela violência. O objetivo central de uma política totalitária não é a obtenção do poder estatal e de seus mecanismos de controle social, ao contrário, o Estado é visto como um meio para obtenção de um fim, uma transição para a dominação total das relações humanas. É de fundamental

O TOTALITARISMO E A IMPOSSIBILIDADE DA POLÍTICA

importância que os homens estejam dispersos e atomizados numa sociedade sem sentido e consumista de si mesmo e de suas relações, para que os movimentos totalitários tenham do que se alimentar e possam se desenvolver.

A lógica de uma ideia

A ideologia é um fenômeno relativamente novo no cenário político. Somente no século XX ela atinge proporções decisivas e influentes nos assuntos públicos, por meio dos movimentos totalitários. As ideologias possuem um caráter científico e se pretendem um estudo aprofundado ao pressupor o sufixo *logia* indicando a existência do discurso racional *logos* acerca de uma ideia. No entanto, a ideologia não se qualifica por este aspecto científico. Afinal, além de fazer proposições pseudocientíficas, a ideologia propõe-se a explicar os destinos das ações humanas e do mundo em sua totalidade.

Se, por uma lado, a ideologia é a lógica de uma ideia, por outro, seu objeto de conhecimento não é algo estático. Ao contrário, as ideologias tratam dos acontecimentos históricos e procuram resolver, tal como uma chave mestra, os eventos que movimentam as ações humanas. Apesar de ter como princípio uma ideia previamente definida, a ideologia não trata desta ideia em si, mas procura explicar o vir a ser do mundo, o processo pelo qual as ações humanas se encadeiam num movimento histórico coerente. Não é a ideia da ideologia uma referência a ser perseguida nas ações do presente. Antes disso, a ideia é o equacionamento que permite aos homens presumir e conceber o devir histórico. O fator ideológico realizador de sua função calculadora dos feitos humanos é a sua própria lógica, que independe de fatores externos a ela.

O significado forte de ideologia tem origem no conceito de Marx e é entendido como um falso discurso sobre a realidade, expressando os interesses de uma classe. As ideologias fornecem, segundo a compreensão marxista, uma falsa consciência de classe, com o objetivo de facilitar a dominação classista. Hannah Arendt, apesar de sua aproximação com a concepção de Marx, diferencia-se em relação a este pensador, primeiramente, no caráter, pois segundo a autora, a ideologia pode servir a uma classe social, mas também a um grupo de interesses, ou a um movimento de caráter universal. Na sociedade atomizada, na qual os homens encontram-se dispersos e alienados, as ideologias não visam somente ao interesse de uma classe, mas à própria totalização da sociedade. Isto nos leva ao segundo ponto de discordância de Arendt com a visão marxista: o caráter totalitário das ideologias. Se, para Marx, a ideologia visa à dominação de uma classe sobre outra, na compreensão arendtiana o objetivo é a totalidade dos homens, procurando criar um mundo único e universal.

O TOTALITARISMO E A IMPOSSIBILIDADE DA POLÍTICA

Para as ideologias, os acontecimentos históricos e o processo lógico da ideia correspondem um ao outro, garantindo que cada passo dado pelos homens siga estritamente a lógica da ideia. A forma claramente definida de funcionamento do raciocínio lógico, bem como o caráter não contraditório da lógica dedutiva, engessa o movimento histórico, aparando inclusive arestas, como eventos singulares, que poderiam indicar uma falha na ideologia por fugirem da trilha previamente definida. Assim, tal como em um processo dedutivo, adota-se a ideia como premissa, de maneira axiomática (tamanha evidência que a ideia possui por si mesma), e a partir dela se deduzem os movimentos subsequentes. O problema central da adoção de um método dedutivo na explicação dos assuntos humanos está na perda da capacidade de pensamento.

Todas as ideologias possuem características totalitárias, ainda que estes atributos apareçam somente quando envolvidos num movimento capaz de expô-los. Para Arendt, são três os elementos totalitários constantes em todas as ideologias. Primeiramente, as ideologias procuram dominar de maneira exaustiva o movimento, aquilo que nasce e passa, o devir histórico. Como segundo elemento, as ideologias procuram distanciar-se ao máximo da experimentação da realidade com o objetivo de impor aos homens uma realidade mais concreta. A realidade a evitar é a que percebemos pelos nossos cinco sentidos e a rea-

61

AÇÃO POLÍTICA EM HANNAH ARENDT

lidade que apenas a ideologia pode ver é perceptível por um sexto sentido: a doutrinação ideológica, elemento secreto que fornece a educação que irá guiar os seguidores da ideologia, permitindo a libertação dos homens frente às intempéries das experiências e da realidade.

E, em terceiro, por meio da imitação de processos científicos, a ideologia desenvolve um encadeamento de argumentação capaz de demonstrar que a realidade (experiência que a ideologia não consegue eliminar, apenas evita ou tergiversa) segue a uma sucessão de estados que nada mais são do que o movimento histórico, libertando o pensamento da realidade. A argumentação lógica segue o movimento e a emancipação da realidade para transformar a premissa (a origem da ideia inicial, único fator extraído da realidade), por meio de uma cadeia lógico-dedutiva, na ideia formadora da ideologia.

A força das ideologias, como vimos, está na adoção do processo lógico desencadeado pelo movimento ideológico e não na própria ideia originária. Tanto quanto perde sua liberdade política ao submeter-se a um governo tirânico, o homem se vê subtraído da liberdade interna de pensamento ao subjugar-se a uma ideologia. A única forma de ele se ver livre da opressão ideológica é por meio da prática de sua capacidade de iniciar algo novo. Para que o homem possa empreender um novo rumo aos acontecimentos históricos é preciso que ele pense e aja livremente, num espaço igualmente livre, que consinta o movimento entre seus pares.

Por isso, o totalitarismo prescinde tanto do nascimento quanto da morte dos indivíduos, visto que são elementos marcantes do surgimento ou fim do novo dentro do espaço público. O terror dos campos de concentração e da tortura elimina este espaço, mas não impede os homens de usarem sua liberdade de pensamento para elaborarem a realidade evidenciada na experiência. Com a intenção de impedir reflexões esclarecedoras da realidade, o movimento totalitário deve conquistar a própria força de vontade dos homens e forçá-los a seguir o movimento constante da ideologia, obrigando-os a ignorar a experiência de vida e morte, ou seja, a desconhecer a realidade.

História e ideologia

Ao elaborar sua crítica ao método da historiografia moderna, Hannah Arendt apontou, na conexão entre história e ideologia, o aniquilamento do novo e o falseamento da realidade, vinculando-os ao conceito de processo. Segundo a autora, a ideologia é, literalmente, a lógica de uma ideia e seu objeto de estudos é a história, sobre a qual se aplica a ideia. Dessa forma, a história deixa de ser algo que *é*, para se tornar o desdobramento de um processo que segue o curso dos eventos tal como o delimita

ACÃO POLÍTICA EM HANNAH ARENDT

a ideologia. O olhar ideológico destrói os elementos constituintes da narrativa histórica, os feitos e sofrimentos que marcaram a vida humana. Um olhar inequívoco e universal dissociado do real é a grave implicação introduzida pela visão da história como processo, porque elimina o espaço dos eventos singulares e inovadores e impede a capacidade dos homens de narrarem suas histórias.

Incluída num processo universal que fornece sentido aos eventos, a historiografia moderna não dá conta do incidente particular, do evento isolado, do feito inusitado, do refletido, ou seja, da novidade, característica marcante da atividade humana. Ao fim da análise moderna de um evento, temos que todas as "estórias" acabam por ter sentido somente quando inseridas no processo total que lhes deu origem, na lógica de uma ideologia.

Permanência das leis, movimento dos corpos

As leis positivas existem para dar alguma estabilidade e criar canais de comunicação entre os homens. Cada nascimento e surgimento de um cidadão no mundo é, potencialmente, um novo começo para as relações sociais. Dessa forma, tais leis procuram garantir a capacidade de agir livremente que cada nascimento propicia aos homens, permitindo a singular participação na pluralidade de opiniões,

O TOTALITARISMO E A IMPOSSIBILIDADE DA POLÍTICA

condição necessária para a existência de uma esfera pública.

Em contraposição, o totalitarismo dissolve as relações sociais a tal ponto que os homens se tornam solitários no meio da multidão, destruindo o espaço de convivência. Diferentemente das tiranias, que buscam eliminar a liberdade no espaço público, em favor do governante contra os governados, o totalitarismo não existe a favor ou contra alguém. Sua ação visa proporcionar à ideologia dominante um meio de acelerar seu processo. O terror objetiva acelerar o movimento da ideologia, atingindo uma velocidade que, sozinha, ela não atingiria.

A lei, de acordo com a tradição política, é definida como a essência do governo e sua legitimidade é fonte estabilizadora dos negócios realizados na esfera pública. Assim, as regras e normas impõem limites à ação dos indivíduos, considerando o que podem ou não fazer, porém, jamais explicitando como devem agir. A essência do governo legítimo, as leis, tenciona ser permanente, enquanto o movimento de um corpo político é algo dinâmico, realizando-se além do âmbito previsto nas leis. Segundo Montesquieu, governos e cidadãos, ao agirem, o fazem com um princípio de ação que serve de critério para julgar e avaliar as relações na esfera pública. Estes critérios são a honra, na monarquia, a virtude, no governo republicano, e o medo, na tirania. Sendo a essência do governo totalitário a aceleração do processo ideológico, da sua própria ação e a de seus membros, seu princípio de ação necessariamente está ligado ao ideal de movimento contínuo.

O terror introduziu nos assuntos públicos uma conduta que dispensa um princípio de ação, bem como qualquer desejo humano de agir. No mundo almejado pelo totalitarismo, os homens são envolvidos num processo no qual serão educados para se ajustarem ao seu papel, seja o de carrasco ou o de vítima.

O homem é a própria lei

O totalitarismo foi uma experiência totalmente nova de dominação política ao completar a destruição das tradições políticas e sociais por completo e criar instituições políticas ainda não vistas na história da humanidade. Independentemente de sua ideologia, o totalitarismo transformou as classes sociais em massas, bem como substituiu os partidos pela fabricação de um sistema em busca do domínio universal. Como parte integrante da crise do século XX, o totalitarismo somente foi compreendido quando se tornou algo do passado, possibilitando fazer desta experiência uma história.

Mesmo que se tente classificar o totalitarismo como uma variação moderna da tirania ou do despotismo, regimes autoritários conhecidos da teoria política clássica, há diferenças essenciais entre essas formas de domínio do poder político e os regimes totalitários do século XX. Os governos autoritários têm duas características básicas: por um lado, o poder arbitrário é caracterizado pela falta de controle das leis sobre os procedimentos políticos, sendo exercido pelo governante contra os governados; outra característica é que o medo é o princípio de ação, tanto o medo dos governados em relação aos governantes, quanto o medo dos governantes em relação à possibilidade de rebelião dos governados. Este tipo de regime impõe à filosofia política a alternativa entre um poder democrático legal e legítimo e um poder ilegal e autoritário. Apesar de haver uma legislação nos regimes totalitários (Hitller, por exemplo, manteve a Constituição de Weimar até sua queda), a lei que orienta as ações totalitárias é a lógica de uma ideia que, em última instância, legitima as leis positivas das instituições políticas.

O totalitarismo propõe que a ideologia produza a própria humanidade, sem levar em conta os costumes e comportamentos humanos ou os interesses vitais e individuais de cada cidadão. Quando a lógica de uma ideia totalitária assume as funções normativas da sociedade, a espécie humana passa a ser portadora das leis, encarnando-as como vitais, tanto quanto suas necessidades biológicas. Para que o julgamento e a punição sejam aplicáveis, o direito tradicional necessita de um consentimento básico por parte da população. Entretanto, para o totalitarismo, o Estado pode desafiar as leis positivas e dispensar o consentimento da população, sem perigo de entrar na ilegalidade típica dos estados autoritários. Se o homem vira um objeto instrumentalizado pela ideologia, a própria lei e o consentimento tornam-se algo dispensável.

A discordância entre a legalidade de um governo arbitrário e a justiça como fundamento nas leis acordadas pela sociedade desaparece nas condições do sistema ideológico totalitário. Tanto as leis positivas, destinadas a dar certa estabilidade para o movimento dos homens, quanto qualquer outra lei, no totalitarismo são transformadas em leis de movimento, fornecendo ao Estado o direito de matar, modo de este regime exercer e manter o controle do poder. Embora o terror seja utilizado, inicialmente, para eliminar as tentativas de oposição, seu uso, por ser o movimento vital de homens isolados pelo regime totalitário, continuará mesmo quando não houver mais qualquer oposição.

A configuração de um regime como totalitário, portanto, ocorre quando a lógica de uma ideia atinge toda a sociedade, tornando-se empecilho para a ação espontânea dos homens e propondo-se a ser a estabilidade social que a fragilidade dos assuntos humanos não pode oferecer. Dessa forma, a finalidade do terror totalitário é a fabricação de uma nova humanidade.

O TOTALITARISMO E A IMPOSSIBILIDADE DA POLÍTICA

A ausência do eu

A combinação entre o terror do Estado e a lógica de uma ideologia foi algo totalmente novo para a humanidade. A primeira ação de um governo totalitário é procurar isolar os homens uns dos outros, provocando uma impotência, isto é, uma incapacidade de agir, visto que em isolamento não se tem com quem realizar o diálogo político. Este isolamento já era conhecido dos homens desde as experiências com os regimes tirânicos. No entanto, nas circunstâncias de uma tirania, os homens mantêm o contato entre si na esfera privada e, ainda que de modo incompleto, permanecem com suas capacidades de sentir, pensar e criar. O terror totalitário elimina até mesmo a possibilidade de relacionamento privado, destruindo qualquer espaço de convivência. Tal isolamento é a situação na qual os homens se veem privados de um espaço público, restando-lhes somente as atividades produtivas e permanecendo em contato com o mundo como obra humana, uma coisa ou um objeto. A única atividade que resta é o esforço do trabalho, que não poderia cessar devido às nossas necessidades básicas de sobrevivência. Mas, quando o homem deixa de ser reconhecido até mesmo como produtor de obras e coisas tangíveis e age somente como um ser que produz sua subsistência, então, ele experimenta o isolamento juntamente com a solidão.

Enquanto o isolamento se refere a uma perda no terreno político, a solidão atinge a vida humana como um todo, seja na esfera pública ou na privada. A solidão, fundamento do terror, e a ideologia, modo de preparar as pessoas para serem ou vítimas ou carrascos, têm, para Hannah Arendt, íntima ligação com a superficialidade da sociedade moderna, significando que os homens se tornaram algo supérfluo. A experiência é um dado que depende da convivência com os outros, da troca de opiniões e do recurso ao senso comum, condições possíveis somente se os homens existirem na pluralidade. O homem solitário é aquele que está em companhia de outros, mas que não pode estabelecer com eles uma relação. O ato de pensar, indispensável às relações sociais, é um diálogo entre mim e eu mesmo, sendo que o eu é a representação que se faz dos semelhantes. Esta alteridade, fundamental ao pensamento, garante a formação da identidade de cada indivíduo, impedindo que se incorra em equívocos na leitura da experiência coletiva que cada um tem no mundo.

O insuportável da solidão é a perda do próprio "eu". A implicação mais grave desta ausência é a perda da confiança em si mesmo, fator elementar na relação do sujeito com o mundo e condição para suas ações criativas e inovadoras.

3. Pensar a experiência

A PERDA DA TRADIÇÃO implicou prejuízo para a permanência dos homens no mundo, mas também oportunidade para a liberdade. O prejuízo é a perda da narrativa histórica e da possibilidade de relação com o passado, com o desaparecimento da memória, modo de os atributos humanos darem profundidade a sua existência e de ultrapassarem o dilemas da situação-limite. O vazio na memória foi acentuado pelo totalitarismo ao provocar a completa falência dos conceitos e valores tradicionais. Ao tentar compreender e relatar o fenômeno totalitário, Hannah Arendt se viu diante de um evento não previsto e, portanto, ainda não nomeado.

O impasse na análise dos acontecimentos do século XX só pôde ser ultrapassado quando a autora se tornou *storyteller* de suas experiências, momento a partir do qual passou a contar as histórias (*stories*) vividas, meio mais apropriado de se compreender e comunicar a realidade que os valores já estabelecidos não conseguem mais analisar. E é a capacidade de narrar a originalidade das ações humanas, que constitui a outra face da perda da tradição. A possibilidade dos homens refletirem sobre os acontecimentos que se precipitam em suas vidas, ainda que sem o auxílio de juízos preconcebidos, e darem novos rumos aos acontecimentos de suas histórias. Nas palavras de Hannah Arendt, a ruptura do mundo moderno com os pressupostos teóricos do passado apresenta duas faces: permite um olhar novo sobre o passado sem o peso da tradição; porém, vem acompanhada do descrédito dos valores existentes.

Durante longo período da história, a tradição, enquanto registro do processo histórico e do sentido das coisas, obstruiu nossas reflexões sobre a experiência, adormecendo a atividade do pensar. Com o desgaste da tradição, que aumentou tanto quanto mais se adentrou na idade moderna, o pensar atingiu o topo das questões humanas, se tornando uma realidade tangível e se transformando em um evento de cunho político. O duplo aspecto de possibilidade de compreender o mundo que se concretiza diante da perda dos instrumentos tradicionais de sua interpretação é o paradoxo vivido pelo homem moderno.

A relevância das atividades pré-políticas

A ruptura com a tradição propiciou ao homem

PENSAR A EXPERIÊNCIA

moderno uma nova visão sobre a importância política das atividades do espírito, como forma pré-política de relação com a coisa pública. Para Hannah Arendt, as atividades do espírito são compostas por: pensar, querer e julgar. Estas atividades se opõem, na teoria arendtiana, às atividades da ação (trabalho, fabricação e ação). As formas pré-políticas são aquelas que se utilizam dos tesouros do passado agrupados em fragmentos de memória, produtos das atividades desempenhadas pelo narrador, o espectador, o historiógrafo, o artista. Sem estas performances os homens não teriam como pensar e julgar os eventos.

Devido à crise da tradição, o cidadão, agente da política, não tem mais acesso aos valores e critérios formadores das narrativas e discursos utilizados na esfera pública. O sentido daquilo que foi (o que era transmitido pela tradição) deixa de ser critério de discernimento para a ação política. O momento de ruptura mostra a relevância de formas pré-políticas para a produção da cena pública. Na política contemporânea a atividade do pensamento cresce em importância. O terreno dos acontecimentos não é mais sustentado por uma sólida tradição e a fabricação de narrativas prepara novos espaços para a sociedade alocar seus valores. Hoje, a possibilidade da ação política está na capacidade do pensamento em desarranjar os antigos valores por meio da reflexão, operando um exame crítico da condição de existência. A questão que se coloca neste instante

AÇÃO POLÍTICA EM HANNAH ARENDT

da argumentação arendtiana é: quais são as capacidades humanas que possibilitam aos homens, em suas relações de convívio, rearticular os fragmentos da memória sem o peso da tradição, mas, também, sem perder os tesouros do passado?

No artigo "Compreensão e política", Hannah Arendt trata do problema alçado com a ruptura da tradição do pensamento político diante do impacto da radical novidade dos regimes totalitários: como realizar a compreensão política dos eventos do presente sem poder contar com o auxílio das categorias teóricas do passado? A perplexidade diante da perda de um mundo em comum e, principalmente, com a incapacidade momentânea do homem pensar e produzir juízos apontam para o empobrecimento da experiência e a debilidade da memória frente ao mundo moderno. A privação no acesso às heranças do passado implica a perda de significações nas experiências vividas daquilo que é merecedor de recordação e participa na construção dos critérios de valoração perdidos no rompimento com a tradição.

Para evitar o ocaso definitivo da presença do passado nas reflexões que os homens fazem no presente, Hannah Arendt retoma a ideia da narrativa de experiências originárias na dimensão do político, fazendo da associação entre o agir e o verbo a indissociabilidade entre a vida e o pensamento. Ao nomear as coisas, inclusive as ações, os homens estão realizando uma apropriação do mundo comum em que

PENSAR A EXPERIÊNCIA

vivem, de forma a nele se sentirem abrigados. Esta adaptação à realidade que conforma a experiência vivida pode ser considerada uma quebra no processo de alienação do homem moderno em relação ao seu ambiente. A ruptura na crescente alienação expressa pelas narrativas revela os significados da interação de cada homem com seus pares e destes com o mundo no qual coabitam. Para tornar evidente os significados articulados nas narrativas, Arendt recorre à modalidade do pensamento que possibilita desvelar as experiências do passado, ou seja, à atividade da compreensão.

A compreensão que permite aos homens se reconciliarem com o mundo, um mundo no qual adentram e continuam como estranhos a cada novo evento com o qual se deparam. O sofrimento pelo qual se passa na existência histórica somente pode ser absorvido e transformado numa experiência se for possível narrar seus acontecimentos em condições de liberdade. E, por isso mesmo, a compreensão é interminável, já que se depara sempre com novas situações que demandam uma significação constante da compreensão do ambiente e das pessoas com as quais se compartilha a existência.

Podemos dizer, portanto, que o objeto da atividade de compreensão é a realidade. Ao realizar o diálogo interior, que confere estrutura ao pensamento, o homem entra em contato com a realidade, fazendo a mediação entre si e o mundo. Realidade significa o que é comum a todos, o registro que ajusta nossos sentidos à mundanidade das coisas vivas. A realidade são as atividades humanas inseridas em seu mundo. O elemento que nos permite identificar a realidade é a condição de sermos comuns uns aos outros.

Perdão e compreensão

A atividade de compreender não tem a característica de fabricação, ou seja, não tem finalidades específicas, tal como um processo que vise à produção de algo ao seu fim. É comum se confundir o ato de compreender com o de perdoar, atividade que produz um fim inequívoco. Para a autora, o perdoar envolve a ideia de que alguma ação passada não deveria ter ocorrido, sendo necessário, portanto, uma reparação de suas consequências. Ao perdoar o homem está se prontificando a se desligar, de certa maneira, do que foi feito, procurando instaurar um novo começo no momento em que as circunstâncias pareciam levar a situação a um fim de repetição do crime em nome da vingança.

Hannah Arendt, ainda impactada pelo mal radical dos crimes do totalitarismo, nos anos 50 escreveu sobre o estatuto político do perdão. Para ela a ação política possui duas características marcantes: imprevisível e irreversível. O caráter imprevisível da

PENSAR A EXPERIÊNCIA

ação está contido na pluralidade de opiniões e de sujeitos singulares que formam a esfera de debates e deliberações públicas. Diante da grande disparidade de posições e da capacidade dos homens, ao agirem livremente, de iniciarem algo novo, a consequência dos atos é desconhecida de antemão. Para a autora, a única alternativa a esta complicação da ação – a imprevisibilidade – é a faculdade de prometer, conhecida de nossa tradição como força estabilizadora da contingência do agir e se traduz pelos pactos, acordos, tratados e contratos, sejam escritos ou tomados pela palavra empenhada em público.

Fizemos esta pequena incursão na ideia de imprevisibilidade, na teoria política arendtiana, para introduzir o caráter irreversível da ação. Se não podemos antever o futuro de nossos atos e, mesmo com o recurso à promessa, suas consequências podem ser imprevisíveis – não é de espanto de ninguém que as promessas e pactos sejam descumpridos –, podemos nos encontrar perante situações de difícil retorno. Ou seja, na política é comum nos vermos em condições nas quais é impossível se desfazer o já feito, ainda que, como vimos em Arendt, não se pudesse prever o que ocorreria. Para a autora, a única saída possível ao incômodo do já feito é a faculdade de perdoar, pois se não houvesse a possibilidade de se eximir das consequências do que se fez, a capacidade de agir ficaria presa a um ato do passado, do qual os agentes envolvidos seriam vítimas irremediáveis.

No livro *A condição humana*, Arendt argumentará que o espaço público que testemunhou os crimes do passado é a única esfera na qual o perdão poderá ser exercido com eficiência, pois será a presença dos outros que confirmará e legitimará a libertação do indivíduo em relação ao ato que lhe prende ao passado. Paul Ricoeur em sua obra *A memória, a história, o esquecimento,* interpretou o uso das duas faculdades propostas por Arendt – a promessa e o perdão – como uma tentativa de superar o curso dos tempos e as relacionou a um antigo simbolismo, também presente nas religiões, o valor de se ligar e desligar dos tempos ausentes – futuro e passado.

Na teoria arendtiana, o perdão é o oposto à vingança; esta seria a reação natural a uma violência sofrida e, de certo modo, é esperada e pode ser até mesmo prevista e calculada. Ao contrário, o perdão jamais pode ser previsto.

Entretanto, a própria Arendt apontará limites do uso político do termo. Dirá ela que o perdão sempre foi considerado irreal para os assuntos da esfera pública devido as suas relações com os assuntos da religião cristã. Fora da tradição religiosa e da ética do indivíduo, o perdão tem aparecido na tradição política por meio do direito, já entre os romanos, na possibilidade de poupar os vencidos, e, modernamente, no direito do soberano de anistiar aqueles já responsabilizados por crimes. Talvez o maior limite ao perdão na teoria arendtiana seja a ideia de que não podemos perdoar o que

PENSAR A EXPERIÊNCIA

não podemos punir, nem punir o que é imperdoável. Arendt inclui o perdão como estrutura política e comparável ao direito de punir, vinculando-o inteiramente à condição de apuração da ofensa cometida.

Enquanto o perdoar é uma ação que atinge o fim num único ato (quando o sujeito que perdoa encerra a situação concedendo desculpas ao transgressor), a compreensão é uma atividade interminável. Dessa forma, a compreensão, diante do sofrimento de alguma agressão, não põe fim ao ato e nem mesmo pune ou revida a transgressão sofrida; ela atém-se a fornecer ao sujeito a capacidade de refletir sobre o ocorrido de maneira a auxiliá-lo no trato da situação e reinseri-lo no mundo. Ao compreender o totalitarismo, capacitam-se os sujeitos a se relacionarem com seus pares levando em conta, em suas ações, o passado vivido em comum.

A distinção entre conhecimento e compreensão

Embora haja uma proximidade estrutural entre conhecimento e compreensão, Hannah Arendt é categórica ao afirmar que essas duas modalidades do pensamento diferem entre si. Para que se conheça algo é preciso que ocorra uma compreensão preliminar do objeto em questão. Por seu lado, a compreensão preliminar é um retorno aos juízos e preconceitos existentes no conhecimento do passado, aquela parte que já se encontra reunida no senso comum. Para a autora, a "linguagem popular" ou a "língua do povo" é o modo efetivo da pré-compreensão que, por sua vez, inicia o processo de compreensão completa. Os limites da compreensão preliminar estão na localização de seus conhecimentos. Tal como o senso comum, a compreensão situa a originalidade do novo evento em meio ao conhecimento antigo ou ao conhecimento científico, que procura tornar conhecido o desconhecido. Pode-se constatar, ainda que não sejam a mesma coisa, que conhecimento e compreensão são modalidades do pensamento que caminham juntas quando os homens se põem a pensar a realidade.

Na distinção entre conhecimento e compreensão constatamos a influência do filósofo Immanuel Kant sobre a teoria do pensar em Hannah Arendt. Na *Crítica da razão pura*, Kant faz a distinção entre *Vernunft* (razão) e *Verstand* (intelecto). Segundo Arendt, com o objetivo de libertar o pensamento da fragilidade dos eventos e da contingência do mundo humano, Kant procurou separar as reflexões acerca do cognoscível e do incognoscível. Embora seu objetivo fosse a busca do conhecimento certo e verificável, ele contribuiu para uma transformação significativa no modo de abordar a epistemologia e a relação do pensar com o mundo. Para Kant, o desejo que os homens têm de conhecimento estabelece obstáculos para o trabalho da razão em compreender a realidade, visto

PENSAR A EXPERIÊNCIA

que o intelecto cria critérios e pré-conceitos, com o intento de saciar este desejo. Por outro lado, engessa a liberdade necessária para a razão pensar os eventos originais que se irrompem de forma cotidiana na vida dos homens. Este obstáculo se constituía por estarem os filósofos buscando critérios claros e evidentes ao pensarem a realidade, mas o evidente são dados resultantes da cognição e não da compreensão.

Razão e intelecto têm objetos distintos de apreciação: enquanto o intelecto procura a certeza, a razão kantiana encaminha-se para a pesquisa daquilo que é dado pela experiência da relação entre o pensamento e a realidade, o incognoscível. A cognição fundamenta seus critérios nas certezas obtidas pelo que a percepção capta no mundo das aparências, os dados autoevidentes, que depois de verificados pelas ciências fornecem a orientação necessária, via senso comum, para estarmos neste mundo. As questões desejadas pelo conhecimento podem ser resolvidas pela experiência sensitiva dos homens e pelo raciocínio do senso comum, que tem acumulado e reciclado os conhecimentos, visto que a partir do momento em que se estabelecem, tornam-se parte integrante do cotidiano.

A busca de significados não encontra respostas no senso comum e nas ciências, não produz uma informação certa ou errada e visa adequar nossas ações ao mundo em que habitamos. Livre dos critérios coercitivos do trabalho do intelecto, que Arendt nomeia como especulativo, o pensamento, em contato com a realidade, põe em prática associações entre as intuições captadas pelos sentidos, apreendendo o que é essencial do efêmero observado. Enquanto a evidência garante a verdade do intelecto, a busca do significado da existência move o pensar, pois as existências são, de antemão, consideradas certas pelo pensamento; dessa forma, a tentativa de compreender não pergunta o que alguma coisa é, mas o que significa ela ser. As questões levantadas pelo pensamento, ao procurar compreender o mundo, não podem ser respondidas pelo senso comum, ou por sua formulação mais rigorosa, a ciência, pois elas não fazem sentido para a estrutura do conhecimento em seu anseio pela certeza.

A função da compreensão é nos adequar ao mundo das aparências, fazendo deste nossa morada. Para Hannah Arendt, o ato de compreender, além de fenomênico, fornecendo significado aos eventos do cotidiano, é também existencial, pois nos reconcilia com as percepções dadas pelos nossos sentidos. Tanto a verdade validada pelo raciocínio, fruto do desejo de conhecer, quanto o significado das coisas, têm um poder coercitivo sobre as pessoas. A diferença está no caráter universal e particular que uma e outra possuem. Enquanto o conhecimento, tal como uma verdade matemática, pode ser evidente para todos, pois possuímos a capacidade de raciocínio lógico, o poder de convencimento do significado é limitado àqueles que testemunharam o fato. Aos outros cabe

PENSAR A EXPERIÊNCIA

confiar no testemunho dado por quem comprovou, pessoalmente, a ocorrência do evento.

Apesar de conhecer e compreender produzirem resultados diferentes em suas atividades, a busca dos significados faz dos homens seres questionadores e o infindável empreendimento da compreensão fornece-nos os ingredientes necessários para despertar e alimentar nosso desejo por conhecimento. Por isso, Arendt é categórica ao afirmar que a compreensão é a condição *a priori* do conhecimento, ainda que os significados sejam perecíveis e da compreensão não fique nada de tangível, configurando-se como uma atividade interminável.

Reconciliação com o mundo: ser e aparecer

A possibilidade de os homens pensarem a realidade, ou seja, de estabelecerem uma reconciliação entre suas reflexões e o mundo no qual surgem e permanecem como estranhos, está na coincidência do "ser" e do "aparecer". A condição humana de pluralidade, o fato de que percebemos as coisas e os outros e por eles somos percebidos, aponta a simultaneidade do indivíduo que aparece e desaparece, num mundo de percepções como situação requerida para o pensamento. O mundo é composto por seres que aparecem, pessoas que são vistas, ouvidas e tocadas porque há seres dotados da qualidade de recepção deste aparecer, capazes de conhecer e reagir. Se ser e aparecer coincidem, portanto, tudo que existe neste mundo demanda a existência de um espectador, ou seja, todos os seres só o são na medida em que constituem o plural, pois ninguém é um ser no singular. Esta condição leva Hannah Arendt a fazer a reapropriação de uma antiga questão da filosofia, a questão do visível e do invisível. As atividades do espírito, por mais diferentes que sejam, têm algo em comum: para que se realizem é necessária uma retirada do mundo tal como ele nos aparece. Todavia, embora tenhamos que praticar uma espécie de ausência do mundo para refletir sobre ele, sempre que o fazemos não perdemos nossas características fenomênicas. Para Hannah Arendt, a teoria de que as atividades contemplativa e ativa se constituam em dois mundos distintos é uma "falácia" da filosofia metafísica. Essa falsa linha adotada pela tradição filosófica tem por base a dicotomia entre Ser (invisível) e Aparecer (visível).

O fato de ser uma aparência não faz do sujeito algo menos objetivo do que uma cadeira ou uma pedra; sua objetividade é garantida por aqueles que o veem e, desta forma, se garante que cada indivíduo seja, ao mesmo tempo, sujeito e objeto, ao perceber e ser percebido. Isto fornece aos homens a certeza da existência de um mundo de aparências que já subsistia antes de sua chegada e que irá durar após sua partida, visto que, eles mesmos, são seres

PENSAR A EXPERIÊNCIA

que aparecem e desaparecem. O desaparecer do mundo pode nos parecer um desaparecimento do próprio mundo.

O aparecer no mundo público é um *co*aparecer, já que aqueles para os quais eu apareço, também aparecem para mim. Assim, ser espectador é, ao mesmo tempo, e indissociavelmente, ser ator. Tal como no teatro trágico da Grécia antiga, os espectadores, capacitados tanto quanto os atores para a recordação e para a narrativa, realizam a catarse. Um dos sentidos possíveis para a palavra grega catarse é purgação, algo que na tragédia grega tem lugar no espectador. Ao assistir à encenação do sofrimento de outrem, o espectador se identifica de tal forma que passa a realizar em seu interior a purgação dos sentimentos perturbadores de sua condição humana. A narrativa da tragédia equivale à narrativa histórica, ao purgar e curar as feridas do passado e ao constituir-se no pântano movediço da *doxa* e do debate político, o caminho para se atingir um mínimo comum nas relações políticas.

O aparecer e o desaparecer são os eventos que assinalam a estada dos homens na Terra e demarcam o tempo percorrido entre o nascimento e a morte. Assim como o ator depende do palco, dos espectadores e de outros atores, para encenar, também os homens precisam de um mundo que receba o sujeito que age e os outros agentes, que ora serão espectadores, ora coagentes, realizando a epifania política.

Não a cristã que revela algo externo, no caso Deus ao sujeito, porém a *epipháneia* dos gregos, a aparição e manifestação de si próprio perante os outros homens. O mundo é, dessa forma, o espaço comum que permite aos homens alcançarem sua realidade, o palco onde o sujeito irá aparecer.

Enquanto espaço comum *inter homines*, é o lugar onde o sujeito expõe sua realidade, bem como entra em contato com as outras realidades. Do mesmo modo, estar desaparecendo desse mundo significa a gradual perda do contato com a realidade. A infinita variedade de fenômenos, consequência da pluralidade de aparências no mundo comum, é o elemento que caracteriza e conforma a realidade. Esta é a relação intrínseca entre o ator em interação com outros atores, demandando um palco onde se apresentem aos espectadores e o real é o mundo que solidamente serve de ambiente para esta relação.

Atores e espectadores: a condição humana da pluralidade

As três atividades básicas dos homens estão relacionadas com as questões de existência do nascimento e da morte. O trabalho é a atividade que garante a sobrevivência da espécie. A fabricação produz os artefatos que garantem durabilidade ao efêmero da existência humana. E, por fim, a ação,

PENSAR A EXPERIÊNCIA

funda e mantém as instituições políticas. Essa atividade está ligada ao nascimento, pois cria as condições para receber os recém-chegados ao mundo. Cada um dos que chegam possuem a capacidade de iniciar algo novo, isto é, de agir.

O caráter ativo da condição humana é analisado pela autora por meio de algumas das partes constitutivas da ação: a finalidade e o produto dessa atividade; sua temporalidade; e o espaço onde essa ação é praticada. Podemos dizer que o trabalho, atividade humana destinada à preservação da vida, tem como produto os bens de consumo, de satisfação das necessidades vitais dos homens. Esses bens produzidos pelo *animal laborans* têm um prazo determinado de duração, pois serão consumidos em benefício da preservação dos homens e da condição humana correspondente a essa atividade, a vida biológica.

A fabricação, atividade do *homo faber*, tem a finalidade de construir os artefatos necessários para os homens estarem no mundo e que serão repassados aos outros que virão. O produto final, que possui mais permanência e durabilidade, são os objetos de uso e artefatos condicionantes da mundanidade da existência humana, a qual seria impossível sem as coisas. Por fim, a ação tem como característica a pluralidade de homens possibilitada pela singularidade que constitui os indivíduos. O *zoon politikon*, autor e ator da ação, tem como finalidade estar entre os outros, isto é, comunicar sobre si mesmo ao outro.

AÇÃO POLÍTICA EM HANNAH ARENDT

Nessa atividade ele cria e estabelece, portanto, os contratos e os negócios humanos. A ação tem uma temporalidade imediata, existe somente enquanto o ator age e tem como produto efêmero a política, que se extingue assim que deixa de ser exercida.

As distinções que Hannah Arendt faz entre as três atividades possuem um caráter de análise da condição humana, não impedindo que as atividades se apresentem relacionadas umas com as outras, complementando-se. Pensar a vida ativa dos homens não é, portanto, estabelecer um quadro fixo e esquemático de suas atividades de acordo com a classificação como trabalho, fabricação ou ação, mas pensá-las como um fenômeno complexo e interativo.

Definidas as características principais das três atividades básicas dos homens, Hannah Arendt recorrerá novamente à experiência da *pólis* grega com a finalidade de compreender melhor o espaço onde se realizam essas atividades. A vida nas cidades-estado era dividida em dois domínios básicos: de um lado, havia a vida privada do lar, local das atividades do trabalho e da fabricação; de outro, a vida pública que se realizava na *ágora*, praça onde se reuniam os cidadãos para discutir os assuntos de interesse da *pólis*. A vida privada – privada não por ser de propriedade de alguém, mas por ser um espaço onde o homem estava privado da relação com os outros – era o espaço das atividades econômicas, visando a produção de alimento, abrigo, vestuário e artefatos úteis

PENSAR A EXPERIÊNCIA

ou necessários à vida e à existência humana. Essas eram atividades menosprezadas pelos gregos porque não atingiam a plenitude da condição humana, ao serem classificadas como atribuladas e obrigatórias, podando assim, a liberdade. O trabalho, para se efetivar, demandava um comando e, consequentemente, uma obediência.

Já a vida pública era o espaço onde o homem podia atingir a imortalidade por meio de seus feitos construídos pela ação – seus gestos e palavras –, pois estes feitos seriam testemunhados por muitos e se transformariam em história. A ação busca exibir, para (e entre) o público, a plenitude da existência humana, demandando o testemunho e a presença dos outros. No público, todos os homens são iguais sem a necessidade de comando e de violência, o que lhes possibilita o exercício de sua liberdade e espontaneidade, ou seja, de sua cidadania.

A demarcação do espaço público e privado no mundo grego se fez pelas atividades que lá se realizavam. Enquanto o produto realizado na vida privada era um artefato ou bem de consumo, a atividade da vida pública produzia o humano.

Essa humanidade produzida na *ágora* era a plenitude de si-mesmo, condição que os homens tinham de cumprir para atingir a imortalidade e diferenciar-se dos animais e dos deuses. Obviamente, a experiência do mundo grego funciona para Hannah Arendt mais como uma referência da sociedade e da cultura ocidental do que como um modelo a ser seguido na contemporaneidade. O recurso à vida dos antigos permite-nos elaborar com mais clareza o fundo de possibilidades que constitui a atual condição ontológica da humanidade pelo estudo das contingências e fundamentos que a conformam.

A pluralidade, conceito central da teoria sobre a ação política em Hannah Arendt, fundamenta-se na fenomenologia do aparecer. Estar vivo é encenar para os outros, como atores, mas com um *script* próprio. Se o mundo é um palco comum aos que aparecem em cena, os sentidos de cada um dos atores são próprios de seu ser, garantindo que cada aparecer parecerá diferente para os espectadores. Assim como uma pluralidade de espectadores perceberá um evento ou ator de variadas perspectivas, também cada ator encenará seu papel, reagindo ao mundo em que habita, de maneira singular e imprevisível. Aparecer é o aspecto comum que unifica as principais condições humanas: natalidade, mortalidade, mundanidade e, do ponto de vista político, a condição da pluralidade.

Ao definir, em *A condição humana*, sua teoria sobre a ação, Hannah Arendt expôs as particularidades às quais a política está vinculada, a pluralidade. A ação é a atividade básica da existência humana, a que possibilita ao homem se relacionar com os outros e se inserir na teia de narrativas que enreda os feitos humanos. O agir não tem uma rotina de com-

O juízo estético kantiano e sua apropriação política

Ao contrário das proposições científicas ou cognitivas, o juízo reflexionante estético de Kant não busca dizer a verdade da coisa e sua única exigência é que possua uma comunicabilidade com os outros. O julgamento não é dotado de um *a priori* norteador de suas conclusões, devendo remeter apenas à compreensão preliminar que temos de um evento. Para Kant, a reflexão estética requer a instrumentalização de um meio de se atingir a imparcialidade, um ponto de vista geral, ao dar ouvidos e procurar reproduzir, na reflexão, as outras visões implicadas no julgamento e que se referem à posição de cada espectador no mundo.

Esse modo de assimilação das opiniões garante uma visão geral da trama de várias perspectivas, em vez de levar a um conceito universal sobre o objeto debatido. A ampliação da mente é condição de imparcialidade do juízo, pois ainda que seja um pensamento interno, move-se dentro de um espaço público ao fazer uso da imaginação, representando um apanhado de opiniões e levando em conta a situação geral dos homens como espectadores do mundo. A opinião dos outros é importante porque, quando julgo, enquanto membro de uma comunidade, o faço como pertencente ao mundo que compartilho com os outros. Não se trata, portanto, de uma sociedade na qual os homens agem de acordo com regras pré-estabelecidas, sem preocupação com o que os outros membros da comunidade pensam do assunto, impedindo que se chegue a um juízo determinante e universal.

A comunicabilidade, juntamente com a imparcialidade, irá fornecer o caráter definitivamente público do juízo. Necessariamente, o sujeito judicante comunica sua escolha e, com isso, faz uso do discurso e da persuasão como uma interação discursiva mediada pela reflexão. Este caráter comunicativo irá inserir cada sujeito na sociedade à qual pertence e onde compartilha os problemas e não numa sociedade universal. Para Arendt é de suma importância o papel dos espectadores, pois, mesmo quando alça o julgamento à ação política, o ator e autor deste agir está levando em conta uma gama de opiniões e críticas. Este fato, entretanto, não impõe à ação um caráter *a posteriori* em relação aos acontecimentos que conformam o julgamento; se assim fosse, a originalidade das ações humanas estaria prejudicada. Para que a ação criadora, ou a cena pública, tenha a característica de novo ou original, é necessário que seja entendida pelos espectadores, na medida em que a condição para a encenação é a comunicabilidade.

PENSAR A EXPERIÊNCIA

Para não se prender às opiniões alheias e aos outros juízos específicos sobre uma questão, o que limitaria a originalidade da ação, Hannah Arendt retoma o conceito de *sensus communis*, como o que envolve a compreensão dos homens sobre o mundo no qual vivem, inseridos numa teia, onde cada um dos membros depende dos outros, até mesmo para pensar. O *sensus communis* é fruto de nossa capacidade de comunicação, tanto para sua formulação a partir dos discursos no espaço público, quanto da utilização de sua dimensão inter-subjetiva na elaboração do pensamento. Todas as sensações e sentimentos, após passarem pela reflexão, tornam-se parte do *sensus communis*, fornecendo uma qualidade tangível e comunicável ao que teria ficado restrito ao privado, o incomunicável e intangível, se não tivesse sido transformado pela reflexão.

Dessa forma, para que a ação ocorra livremente e propicie a novidade é preciso que os homens façam uso do senso comum, porém com o auxílio da faculdade da imaginação, que estabelecerá uma distância e uma proximidade com o objeto, de acordo com a situação. A imaginação dispensa a necessidade de o objeto estar presente, pois fornece-nos uma representação dele, tornando-o algo interiorizado e permitindo um sentimento de agrado e desagrado em relação à coisa imaginada. Segundo o uso da imaginação e a tomada de gosto ou desgosto pelo objeto, realiza-se o segundo passo do juízo, a operação de reflexão, adequando o gosto com o *sensus communis* e garantindo a imparcialidade e a comunicabilidade de nossa opinião. Enquanto as condições privadas impõem nossas próprias idiossincrasias, a imaginação e a reflexão nos libertam delas, pois, quanto menos idiossincrático for o juízo, maior facilidade teremos de comunicá-lo.

O juízo realiza-se, portanto, sobre nossa escolha entre a aprovação e a desaprovação de algo degustado pelos sentidos e combinado com as condições do mundo das aparências e do senso dos espectadores e não somente sobre a questão do gostar, o que implicaria uma conclusão meramente subjetiva e incomunicável. Após o repensar auxiliado pela imaginação, o objeto de nossa escolha deixa de ser o que consideramos agradável ou não, mas o fato de escolhermos sobre como iremos mostrar e comunicar nossa reflexão.

O interesse de Arendt pela questão do juízo surgiu do espanto (do grego *thaumadzein*) diante do terror dos campos de concentração e da propaganda ideológica do totalitarismo, evento que para a autora marca o domínio da política no século XX. Frente à incapacidade de compreendermos o novo instrumento político inaugurado pelo movimento totalitário, o tema do juízo, além de sua importância para a filosofia, é tomado como questão central para o pensamento político. Heranças de sociedades autoritárias, tais como o totalitarismo, deixam marcas não apenas nas vítimas do regime, porém em toda a sociedade, pois abalam nossas certezas nas instituições e relações políticas, do mesmo modo que instituem a dúvida em nossos valores e preconceitos, incapacitando os homens para a ação política. O terror ideológico destruiu a possibilidade de comunicação entre os homens e destes com o mundo exterior, aniquilando o senso comum, elemento que fornecia significados à nossa existência.

Entretanto, mais do que a perda da capacidade de ação política e do que a perda do senso comum, pode-se dizer que o principal prejuízo do totalitarismo foi a privação da procura de significados e da necessidade de compreensão do mundo. As questões colocadas por Arendt, no artigo *Compreensão e política*, explicitam a importância da faculdade de julgar, que permite aos homens compreenderem sua existência e escolherem ações novas diante do inusitado da situação política. A faculdade de juízo é o modo próprio para a compreensão do mundo, atividade com a qual se aprende a lidar com a realidade. Ao compreender, o homem atualiza sua condição plural e, portanto, sua vinculação com o mundo.

O discurso: modo do aparecer

As atividades espirituais demandam a elaboração ordenada das palavras, por meio dos discursos, para serem concebidas. Os homens indicam como querem aparecer, deliberando sobre o que desejam desvelar ou ocultar, por meio de feitos e palavras. Quando nos utilizamos do discurso ou da ação, para comunicar aos outros um ponto de vista próprio sobre os acontecimentos da existência, não estamos simplesmente manifestando um propósito ou inclinação interna de nosso ser; estamos mostrando o que e como queremos aparecer aos outros. A característica do sujeito se define nas diferenças que cada um mostra ao discursar, pois o que se vê é o que temos a menos e a mais em relação ao que todos nós possuímos em comum — a vida, a morte, o amor, o ódio etc. No momento em que o sujeito profere o discurso, a atividade deixa de ser o diálogo consigo mesmo, lançando-se das atividades pré-políticas para a mundanidade, inserindo-se definitivamente no domínio da política.

Se para Hannah Arendt o discurso e os gestos são os modos da ação política, então o que a autora entende por discurso? O falar (*lexis*) era compreendido, entre os gregos, como uma maneira de agir (*práxis*). A existência do discurso político implicava a presença dos outros com os quais se dialogava na *ágora*, bem como de um agente que fosse autor e ator das palavras em forma de opinião. Assim, podemos dizer que a política se diferencia de outras formas de conhecimento por conta de sua razão dialógica. Essas formas de pensamento mostram o homem em sua singularidade, preparando-se nas atividades pré-

-políticas para seu ingresso na esfera pública. Para a autora, a política ocorre no diálogo do eu com os outros, com o fito de se comunicarem e chegarem a um acordo. Se o discurso do qual falamos não é um monodrama, como defini-lo?

As funções heurística, hermenêutica e persuasiva, presentes no discurso político, denotam uma qualidade reveladora quando as pessoas estão umas com as outras, ou seja, quando no convívio do cotidiano da existência humana.

Para Arendt, o discurso presente na política tem por fim a persuasão do outro, seja para que sua opinião ganhe a maioria das opiniões, seja para que o autor do discurso venha a ser admirado pelo público. Persuadir é levar alguém a crer em alguma coisa ou aceitar fazer algo. Os meios utilizados para essa função envolvem doses de razão e afetividade, o raciocínio silogístico e os exemplos. A afetividade é formada pelo *ethos*, o caráter que o orador irá assumir diante do público; e pelo *pathos*, os desejos e emoções, do orador e dos espectadores. O discurso persuasivo comporta dois aspectos principais: o argumentativo, por meio da razão; e o oratório, por meio dos afetos e sentimentos. Ademais de ser o discurso político uma combinação retórica, é preciso delimitar que ele não é um acontecimento isolado, ocorrendo sempre em oposição ou concordância com outros discursos. Para se construir um discurso, faz-se necessária uma hermenêutica de compreensão do discurso do outro, considerar a força

AÇÃO POLÍTICA EM HANNAH ARENDT

de seus argumentos e, principalmente, saber ler o não dito deste discurso.

O agente da política se utiliza do discurso com a função de persuadir, mas também com o intento de descobrir ou encontrar soluções para um mundo sem previsões. Essa função do discurso é a heurística, do grego *heureka*, que significa achar, encontrar. O confronto entre um discurso e outro contribui para o esclarecimento de um mundo sem evidências e possibilita ao coletivo o acesso a alguma estabilidade perante um mundo de confronto de opiniões, no qual não se pode encontrar o verdadeiro ou o falso, mas o verossímil e o provável. Podemos concluir que o discurso persuasivo presente na ação política é estruturado pela presença do outro, relacionando-se com o agente, portador de uma posição verossímil, que visa a produzir algo, um evento ou uma obra, mas que para tanto necessita convencer os demais partícipes da ação.

Vemos como o discurso está estreitamente vinculado à ação, efetivando a condição humana da pluralidade ao mostrar uma identidade distinta e singular entre os iguais. Diante da ausência do discurso, a ação perde a capacidade de revelar o sujeito, construtor, por meio de opiniões, das histórias dos feitos humanos. No entanto, para que a condição plural dos homens se efetive, não basta ao agente a vontade de revelar o seu *quem*, é necessário que ao discursar ele o faça para os outros, reproduzindo por meio

PENSAR A EXPERIÊNCIA

da narrativa as estórias experimentadas e recicladas pelo pensamento.

Sabemos como é difícil para os homens olharem para si mesmos, seja por uma questão objetiva e física (meus olhos não me veem), seja por questões subjetivas e psicológicas (há grandes dificuldades em nos avaliarmos). Para os gregos isso era resolvido pela figura do *dáimon*: ser divino da mitologia que, por trás de cada homem, definia-lhe o caráter e o destino. Também o agente da política, autor da ação e do discurso, não pode ver a si próprio e, portanto, não tem como revelar, de maneira deliberada o quem de sua existência sem o auxílio da ação na esfera pública.

A ação é o meio pelo qual os homens mostram quem são, suas identidades singulares, em contraposição ao quê são, suas qualidades e defeitos. O indivíduo, ao agir entre os outros, revela-se. Essa revelação é que distingue uma ação política de uma ação qualquer em busca de um fim. Sem a revelação do agente no ato, a política confunde-se com fabricação, ou seja, somente um meio de se produzir um objeto, de se atingir um fim. Isso pode ocorrer quando não há convivência entre os homens, e estes estão "pró" ou "contra" os outros. A fabricação revela o produto ao fim de um processo. Assim é com os objetos de uso e também com as obras de arte, ambos desprovidos de um quem, sem revelar o agente e o processo ou feito da ação.

A pluralidade, conceito central da teoria sobre a ação política em Hannah Arendt, fundamenta-se na fenomenologia do aparecer. O aparecer no mundo público é um coaparecer, já que aqueles para os quais eu apareço, também aparecem para mim. Assim, ser espectador é, ao mesmo tempo e indissociavelmente, ser ator. Tal como no teatro trágico da Grécia antiga, os espectadores, capacitados tanto quanto os atores para a recordação e para a narrativa, realizam a catarse. O aparecer e o desaparecer são os eventos que assinalam a estada dos homens na Terra e demarcam o tempo percorrido entre o nascimento e a morte. O que há de comum entre os homens é que eles podem ver e ser vistos, ouvir e ser ouvidos, tocar e ser tocados. Nada poderia aparecer se não houvesse receptores capazes de reconhecer e reagir ao aparecimento.

Há uma estreita relação entre o caráter revelador do discurso e da ação e o fato de não ser possível prever uma ação antes que ela termine. Eudaimonia significa o bem-estar do *dáimon* – aquele que acompanha o agente durante sua vida e é sua identidade singular – e somente poderá ser alcançada quando a ação estiver completa, depois que chegar ao seu fim. Por não conhecer de antemão o conteúdo que irá revelar no curso da ação o seu *dáimon*, o agente não tem como prever os resultados daquilo que estará iniciando, o que faz da ação política algo ilimitado e de resultados incertos.

PENSAR A EXPERIÊNCIA

A revelação de quem somos

A condição existencial e fenomênica da pluralidade humana aponta para a ideia do aparecer como uma autoapresentação (*self-presentation*). O aparecer apresenta duas características: primeiro, há o aparecer que surge de maneira caótica e idêntica em todos os indivíduos; segundo, há o aparecer que se apresenta ao olho que vê, dirigido pelo desejo de ser visto. O primeiro modo, não consciente, é algo idêntico em todos os homens, como se fosse uma sequência de sentimentos e impressões que, por não terem sido articuladas pelo pensamento, não podem tomar forma sem o acabamento estabilizador da reflexão.

A segunda característica do aparecer, o desejo de ser visto, é fruto de uma reelaboração das sensações e paixões que afetaram os homens em suas existências. Após serem reordenados, esses sentimentos são expressos no mundo por meio de uma atividade comunicativa própria dos homens, o discurso e os gestos. As paixões só devem intervir na cena política ao passarem pela mediação do exame crítico do pensamento, o que fará com que estes sentimentos se transformem, não correndo o risco das paixões de perverter os homens e o mundo no qual aparecem. A ideia aqui contida é que as aparências, além de não revelarem espontaneamente aquilo que manifestam, também se caracterizam por ocultar ao mesmo tempo em que mostram.

AÇÃO POLÍTICA EM HANNAH ARENDT

Ao aparecerem para os outros, os homens expõem quem são, mas, por outro lado, também se protegem da exposição, realizando a função de preservação de seu ser. As emoções, sentimentos e paixões são mais bem expressas pelo olhar, pelos gestos, por expressões corporais, do que articuladas pela fala, por não possuírem a forma do discurso. Deste modo, quando estamos apresentando sentimentos pessoais como a dor, a raiva, o amor, o que de fato fazemos é demonstrar uma autor-representação pública, autorizada, de nossas emoções privadas. Como a autoapresentação sofre uma ordenação por parte do pensamento, configurando-se, por vezes, numa representação de emoções privadas, a possibilidade dos homens de se manifestarem por meio de uma fraude deve ser considerada. O que implica que o erro e a ilusão fazem parte do papel desempenhado pelo espectador. O problema de um eventual fingimento manifesto seria a falta de consistência na realidade, o que encurtaria sua duração.

O jogo de esconder e revelar é a manifestação do fenômeno pelo qual expressamos nossos sentimentos e ideais, ou seja, como expomos a nós próprios de acordo com o que escolhemos mostrar. O conteúdo sobreposto entre a autoapresentação e a autoexibição, o modo especificamente humano de se apropriar de seu aparecer, é o que os gregos compreendiam como a combinação entre a decisão consciente sobre o que mostrar e a aparição espontânea do *dáimon*.

Não se pode falar somente da existência de um

eu interior autônomo, mas sim de uma metamorfose do privado em público, que se realiza na junção dos elementos conscientes e dos autônomos do aparecer. Sabemos como é difícil para os homens olharem para si mesmos, seja por uma questão objetiva e física (meus olhos não me veem), seja por questões subjetivas e psicológicas (há grandes dificuldades em nos avaliarmos). Também o agente da política, autor da ação e do discurso, não pode ver a si próprio e, portanto, não tem como revelar completamente, de maneira deliberada, o *quem* de sua existência. Se o sujeito fosse privado das representações que escolhe para si, a espontânea manifestação da interioridade não poderia aparecer; e, se fosse privado da fonte invisível do si próprio, não seriam apresentadas as várias faces do aparecer. Apesar de ser fundamental para dar realidade ao ser, esse algo a mais trazido pelo *dáimon* é, portanto, intangível.

A junção entre as formas do aparecer é exatamente o momento em que nos mostramos ao mundo, ou que realizamos nossa interação com ele e fazemos a autocompreensão de nossa personalidade e realidade. Paradoxalmente, ao mostrar nossa aparência, saindo de dentro de si, passamos a nos conhecer melhor. Somente por meio das variadas representações é que conseguimos dar lugar aos sentimentos e paixões que conformam nossos pensamentos e reflexões.

4.   Narrativas da política

Nosso propósito, nos argumentos mostrados nos capítulos anteriores, foi o de demonstrar uma dimensão política do caráter narrável da ação na filosofia política de Hannah Arendt. Seguindo a crise da tradição, o totalitarismo foi o evento político marcante do século XX ao decretar a falência geral dos valores, juízos e fundamentos de compreensão do presente. Diante dos fatos e da contingência da ação, Arendt entende que o exercício de compreender o mundo deve necessariamente passar pela figura do *storyteller*. Quando pensamento e realidade encontram-se dissociados, o ato de contar histórias (*stories*) é o modo mais apropriado de conferirmos significados aos novos eventos de nossa vivência, bem como de retomar os sentidos que as ações passadas dos homens produziram e que podem auxiliar na reconciliação com o mundo comum. Se não possuem mais os conceitos universais e determinantes de suas vidas, os homens, ao agirem politicamente, devem fazer com que o pensamento se

ACÃO POLÍTICA EM HANNAH ARENDT

debruce sobre a realidade, procurando reconstituir pela imaginação a gama de opiniões e acontecimentos observados enquanto atuavam como espectadores das ações dos outros. O *storyteller* é, então, caracterizado pela figura do espectador e do ator, pois ao narrar ele também está agindo entre os outros, dando significado aos acontecimentos dos quais foi testemunha, como espectador.

A política arendtiana da narrativa privilegia aquilo que foi testemunhado, seja pelo *storyteller* ou pelos outros espectadores, e não segue a nada de necessário, evidente ou eterno. Visa contar os acontecimentos passados, conservando sua memória, reconciliando-se com o passado e lutando contra o esquecimento, com o fito de religar o presente com o passado estabelecendo um significado para os acontecimentos vividos. Ao realizar o diálogo do presente com o passado, visando a um futuro, esta política fundamenta uma concepção de sociedade dialógica e argumentativa, entre iguais que procuram na fala e no discurso as regras de ação conjunta. Dessa forma, convém que a memória do passado seja articulada com a imaginação do que os outros espectadores rememoram, para que se constitua no pensamento do narrador o conteúdo de suas estórias.

A herança sem testamento, tal como metaforizado em *Entre o passado e o futuro*, e o inusitado surgimento do totalitarismo, levaram Hannah Arendt a se tornar uma *storyteller* de seu tempo, pois não adiantaria a ela recorrer aos eventos do passado para compreender o presente, mas antes, deveria narrar os acontecimentos vividos.

Ao contar uma estória, o narrador não está buscando reconstituir os fatos, tal como numa reprodução, mas sim espelhar as experiências que concorreram para a formulação de seu pensamento, fazendo uso das metáforas. Assim como na metáfora, a articulação da memória usa das imagens para reconstituir os significados dos eventos passados, mantendo o caráter contingente das experiências e contrapondo-se ao tempo linear e contínuo da história concebida como conceito. O narrador, em vez de converter a complexidade do passado em conceitos, convoca o espectador a compreender as várias faces de um evento.

O narrador histórico é aquele que procura o significado das ações humanas e encontra nelas uma conexão com os acontecimentos que se precipitam no presente. Sua importância não está em apresentar uma imagem do passado, tirando sua autenticidade, mas em transformá-lo em uma experiência política única que possa renovar o futuro com seu reconhecimento no presente. Um significado histórico só pode ser apreendido se o acontecimento passado for interrogado. A reflexão a que almeja o narrador proposto por Hannah Arendt consiste em um duplo movimento de resgate: por um lado, recuperam-se os acontecimentos e fatos históricos em suas particularidades e de acordo com sua importância para o presente; e, por outro, a partir dos significados recuperados do passado, elaboram-se os conceitos e valores políticos que utilizamos no manejo dos eventos cotidianos.

Temporalidade histórica

A continuidade histórica em que uma coisa sempre sucede a outra, é substituída no pensamento arendtiano pelo tempo fragmentado, composto de situações únicas – o extraordinário. Sob a inspiração das teses de *Sobre o conceito de história*, de Walter Benjamin, Arendt busca novas formas de tratar o passado e realiza uma reflexão sobre a memória, o tempo e a história.

A especulação sobre o que é o tempo traz, além da interrogação temporal, o debate sobre o eu, sobre a natureza do tempo, a identidade do sujeito narrador. No tempo fragmentado o presente confirma o fim do passado e a inexistência do futuro. Esta impossibilidade de se localizar o tempo indica que a memória e, portanto, a história dos feitos humanos não seguem um encadeamento de eventos, no qual cada acontecimento é precedido e seguido de um outro, num tempo linear com espaço próprio para cada um destes eventos.

Para a elaboração das atividades pré-políticas do pensamento, não há como recorrer a um tempo li-

NARRATIVAS DA POLÍTICA

near e, situando-se entre os fragmentos do passado e as possibilidades do futuro, ele dá existência à dimensão temporal concebida como a história das experiências políticas do mundo em que se vive. No ato de pensar, os tempos ausentes da temporalidade tradicional, passado e futuro encontram-se no momento presente, o que confere a importância arendtiana aos eventos do passado na compreensão do que está sendo vivido. Segundo Arendt, na temporalidade do pensamento o passado não está morto e o futuro abre-se de maneira indeterminada e inovadora.

Dessa forma, Arendt vai além das céticas preocupações da filosofia tradicional, fornecendo outro estatuto ao tempo morto do passado que *não é mais* e revitalizando o futuro que *ainda não é*, recusando o momento presente formado por uma agoridade eterna. São as indeterminações do futuro, suas várias possibilidades, que remetem os homens aos eventos do passado. As recorrências ao passado não visam reinstaurar o já ocorrido, mas trazer à tona os significados esquecidos que, ao serem atualizados no presente, prestam-se a construir novos começos.

O recurso ao passado não restaura e tampouco reinstaura o já acontecido. A história e os historiadores devem se preocupar com a busca do significado e com a compreensão dos eventos, em sua singularidade e no que eles podem esclarecer os acontecimentos passados. O historiador que se prende a uma corrente de causas estará eliminando as narrativas próprias de

AÇÃO POLÍTICA EM HANNAH ARENDT

determinado evento e engessando-o em generaliza-
ções e categorizações, seja em favor de uma cadeia
causal ideológica, ou da ideia moderna do progresso
(da ciência, das instituições, da liberdade etc.). Em
sua crítica à concepção da história como progresso,
ou seja, à ideia de um processo histórico com um caminho previsível, Arendt argumenta que este é um
conceito que submerge as particularidades do evento
num fluxo histórico sem sentido.

O *storyteller* e o *flâneur*

Cabe ao historiador narrador procurar o sentido
particular de cada ação humana em sua fragmen-
tação singular e, sempre da perspectiva do presente,
articular a memória dos eventos anteriores, visto que
a história é objeto de uma construção. Numa sociedade de massas, sem o fio condutor e continuador de
uma tradição, na qual os homens encontram-se des-
locados de um solo firme e determinado, a narrativa
exerce o papel de ler na dispersão dos fragmentos e
desvios dos eventos passados uma sabedoria prática.
O *storyteller*, bem como o *flâneur* benjaminiano,
aproximam-se um do outro ao fazerem da narrativa
um realocar do pensamento junto à experiência, im-
plicando em uma reconciliação entre a ação humana
e a realidade, o significado e a aparência, a filosofia
e a política.

Ao produzir as estórias, os homens narram as experiências que podem dar um sentido à indeterminação e à contingência do mundo, procurando compreendê-lo e, dessa forma, reconciliar-se com ele. Frente à ruptura com os valores tradicionais, Arendt faz uso do colecionador benjaminiano que, atiçado pela busca do autêntico desafia qualquer classificação sistemática. Com o intuito de fazer da recuperação de fragmentos do passado uma experiência única e dela extrair sua vivacidade naquilo que tem de único e genuíno, Arendt recorre ao colecionador. Entretanto, se para Benjamin o colecionador é a redenção do homem, para Arendt a apropriação do passado, a origem, não tem relação com uma suspensão messiânica do *continuum* histórico, mas com o instante de surgimento de um novo começo. A restituição redentora da história – conceito de *apokatastasis*, da teoria da salvação de Orígenes – é para Walter Benjamin uma liberação da temporalidade homogênea e vazia, da violência opressora do progresso do homem moderno.

Momento de ruptura, nasce o inusitado

Para Arendt, a história não é o acúmulo de catástrofes e o papel do narrador não é o de reunir os fragmentos das ruínas do passado para restituí-los à vida, ou seja, não se trata de restituir ao presente aquilo que a historiografia tradicional relegou ao esquecimento. Trata-se de buscar o sentido particular dos eventos, tomando-os como fragmentos singulares, sob a luz dos acontecimentos no presente, rearticulando-os com o fito de dar início a um novo começo. Para Arendt, a essência do homem está em sua capacidade de começar e originar novas fundações para as relações entre seus pares.

Recuperar a noção de política ao esquecimento imposto pelo pensamento tradicional é o mesmo que chamar à existência o que antes não existia, ou seja, garantir um espaço e um diálogo livre entre os homens de forma que eles possam exercer a ação como algo novo e imprevisível. Esta é a garantia de uma história sem determinações, livre e ausente de um final. Para Arendt, portanto, a ideia de liberdade está intimamente relacionada com a capacidade dos homens iniciarem algo novo e inusitado sempre que agem em conjunto, num espaço público e por meio do discurso. A liberdade não está na escolha do homem em mostrar-se desta ou daquela forma na cena pública, mas sim na possibilidade de, ao agir entre os outros, fazê-lo sem empecilhos ou com definições *a priori*.

A novidade da ação vem com muito mais constância do que se imagina e sua aparente excepcionalidade está em nosso hábito de considerar a vida política como algo regularizado e determinado e mesmo distante de cada um de nós. A capacidade de iniciar algo novo nos permite afirmar que para

Arendt agir é transcender os próprios fatores que determinaram a ação. Ao iniciar algo, os homens se veem livres inclusive dos motivos que os levaram a agir, pois o que realmente importa, quando estamos entre os outros, é a aparição dos nossos atos no mundo, visto que a aparência e o ser são o mesmo no espaço público.

Os negócios humanos são tratados por uma multiplicidade de indivíduos, os quais são todos distintos entre si e sempre são substituídos por seus sucessores. Como cada indivíduo nasce e cresce em constante interação e comunicação com os outros, suas ações e feitos afetam e são afetados por todos. Ao fazermos uso das palavras e atos estamos nos inserindo novamente no mundo (a primeira inserção é a física, a nossa origem biológica), num segundo nascimento. Hannah Arendt faz uma distinção entre a vida biológica (*zoé*) e a vida existencial (*bios*). *Zoé* refere-se ao ciclo natural de todas as espécies e se caracteriza pela circularidade, repetição e unidade. Na plano existencial, *bios*, a vida é marcada por um caminho que vai do começo, o nascimento, ao fim, a morte do indivíduo. Sabendo que cada homem, dotado de uma fala singular, é parte de um movimento existencial de vida e morte, no qual é substituído por outros homens incessantemente, experimentamos no agir o início de algo novo e inusitado. O rompimento com o ciclo repetitivo da vida biológica permite uma vida existencial com começo, fim e, portanto, um tempo próprio. Assim, a noção de tempo histórico no mundo público só existe para o ser que está envolvido num processo criativo – o nascer, iniciar, aparecer, criar algo novo.

Como vimos, agir, segundo Hannah Arendt, é sinônimo de iniciar algo, tomar a iniciativa, mas também de colocar-se em movimento, como indicam as palavras gregas *arkhein* – por um lado, fundamento, origem, ponto de partida, e, por outro, poder, autoridade, governo – e *práttein* – perfazer um caminho até o fim, fazer com que alguma coisa aconteça ou se realize, movimento de algo por si mesmo. Esses conceitos encontram correspondência no latim, nas palavras *agere* e *gerere*. Ao tomar a iniciativa de agir nos assuntos humanos, o sujeito percorre duas etapas distintas: primeiramente, ele inicia algo novo de forma imprevisível e, posteriormente, dá continuidade a essa ação.

O momento experimentado na esfera pública ocorre no encontro do ser livre com a capacidade de iniciar algo novo. A liberdade é uma qualidade dos homens que para se efetivar, realizar sua aparição, demanda um espaço concreto que lhe dê tangibilidade. Dessa forma, todo agir é um evento inovador, inscrevendo novas histórias singulares na teia de relações humanas, rompendo com os processos automáticos, transgredindo a automação do cotidiano e vitalizando a concordância dos homens com as instituições políticas.

NARRATIVAS DA POLÍTICA

Ser livre implica uma situação de instabilidade política, pois cada homem pode, por meio de sua ação e de seu discurso, tomar os rumos mais incertos. A impossibilidade de conhecerem de antemão as consequências de seus atos e de confiarem no futuro, imposta pela pluralidade, leva os homens a considerar a possibilidade da promessa como alternativa aos riscos da ação. Obviamente, não se trata aqui de certas medidas hipócritas de promessas pré-eleitorais da política moderna, fruto da política dos pactos e dos contratos sociais dos corpos políticos, fundamentados no governo e na soberania. Hannah Arendt refere-se a uma faculdade que só é possível quando os homens se reúnem e deixa de existir assim que eles se separam. Sem a promessa, seria muito difícil existir qualquer continuidade ou durabilidade aos assuntos e debates acerca dos negócios humanos.

A principal implicação do agir imprevisível e irremediável é que ninguém pode estar sempre no controle de seu futuro. A ideia de que ninguém pode predizer o fim de uma determinada história enquanto ela estiver em andamento vai de encontro à tradição do pensamento político, em especial contra a moderna concepção da história como uma linha única, contendo um enredo passível de ser descoberto de antemão.

A posição de Hannah Arendt sobre a história deixa claro que ela se oporia à tese de que, com o fim do regime soviético e a queda do Muro de Berlim

AÇÃO POLÍTICA EM HANNAH ARENDT

em 1989, teríamos chegado ao fim da história. Esta é a hipótese levantada pelo historiador norte-americano Francis Fukuyama, ao argumentar que, diante do quadro de encerramento da Guerra Fria, atinge-se a um consenso sobre qual é o melhor regime político, ou seja, a democracia liberal, com a vitória da ideologia que a acompanha. Uma das consequências diretas desta visão do mundo em fins do século XX foi a política econômico-social conhecida por "Consenso de Washington", que privilegiou as grandes potências, em especial a norte-americana.

As histórias dos feitos humanos enclausuradas numa única linha narrativa somente seriam possíveis se existisse um espaço no qual os homens agissem de modo comportamental, sem a marca de suas individualidades e singularidades. Na ação política, por depender da fala e da reação da multiplicidade de opiniões, o homem não pode entrever com antecipação ou controlar o destino de sua ação.

Todo fim de uma história é, de fato, um novo começo, uma promessa para o futuro. Antes de tornar-se evento histórico, o começo é a capacidade humana de criar o novo, o que na política podemos traduzir como a liberdade dos homens. Enquanto a memória é transformada em narração, o mundo conserva sua continuidade, permitindo a abstração de um futuro visto como um presente em comum. A política moderna tem a marca do contrato, do consentimento às regras em comum, portanto, da

NARRATIVAS DA POLÍTICA

promessa de mútuo respeito. Ao fazer uso da promessa, os homens criam limites dentro dos quais há uma certa previsibilidade estabilizadora de suas relações. No acordo da política moderna, a preocupação principal é com a estabilidade e a permanência do público. Diferentemente de outros sistemas políticos, nos quais o princípio de ação política podia guiar as ações dos homens – tais como honra, virtude, temor –, na modernidade o princípio da promessa, mais do que princípio de ação, é uma condição de existência e estabilidade para a esfera pública.

Considerações finais

Ao pôr em prática a narrativa de suas experiências, o homem realiza o encontro na trilha do não tempo, na brecha entre o passado e o futuro, que antes era preenchida pela tradição, unindo a atividade de pensar com a realidade vivida, pois a reflexão dos homens é justamente o preenchimento desta lacuna entre os tempos ausentes. Entretanto, distintamente da tradição, o caráter intemporal do pensamento não pode ser transmitido por herança, geração após geração.

Para Hannah Arendt, a possibilidade de cada sujeito desenvolver a reflexão acerca de seu mundo e compreender as experiências vividas, em especial dos eventos que marcam o domínio da política, é o projeto que permitirá aos homens se locomoverem entre as ruínas da tradição e da política causadas pelos acontecimentos que, no século XX, os deixaram perplexos. É a possibilidade de convivência, por meio da reflexão e de sua comunicação narrativa, que cada nova geração se permitirá criar um novo ambiente para as relações sociais e políticas.

Referências bibliográficas

Obras de Hannah Arendt

ARENDT, Hannah. *Crises da República*. Trad. José Volkmann. São Paulo: Perspectiva, 1973.

_____. *Homens em tempos sombrios*. Trad. Denise Bottmann. São Paulo: Companhia das Letras, 1987.

_____. *Da Revolução*. Trad. Fernando Didimo Vieira. Brasília: Ática e Edunb, 1988.

_____. *Origens do totalitarismo*. Trad. Roberto Raposo. São Paulo: Companhia das Letras, 1989.

_____. *A dignidade da política*. Antônio Abranches (org.). Trad. Helena Martins e outros. Rio de Janeiro: Relume-Dumará, 1993.

_____. *O que é política?* Org. Ursula Ludz. Trad. Reinaldo Guarany. Rio de Janeiro: Bertrand Brasil, 1993.

_____. *Lições sobre a filosofia política de Kant*. Trad. André Duarte. Rio de Janeiro: Relume Dumará, 1993.

_____. *Rahel Varnhagen, a vida de uma judia alemã na época do Romantismo*. Trad. Antônio Trânsito e Gernot Kludasch. Rio de Janeiro: Relume Dumará, 1994.

_____ e MCCARTHY, M. *Entre amigas. A correspondência*

de Hannah Arendt e Mary McCarthy. 1949-1975. Trad. Sieni Campos. Rio de Janeiro: Relume-Dumará, 1995.

_____. *A condição humana.* Trad. Roberto Raposo. Apresentação e revisão técnica: Adriano Correia. Rio de Janeiro: Forense Universitária.

_____. *Entre o passado e o futuro.* Trad. Mauro W. Barbosa de Almeida. São Paulo: Perspectiva, 1997.

_____. *O conceito de amor em Santo Agostinho.* Trad. Alberto Pereira Dinis. Lisboa: Instituto Piaget, 1997.

_____. *Eichmann em Jerusalém.* Trad. José Rubens Siqueira. São Paulo: Companhia das Letras, 1999.

_____. *Sobre a violência.* Trad. André Duarte. Rio de Janeiro: Relume-Dumará, 2000.

_____. *A vida do espírito. O pensar, o querer, o julgar.* Trad. Antônio Abranches e outros. Rio de Janeiro: Relume-Dumará, 2000.

_____ e HEIDEGGER, M. *Correspondência. 1925/1975.* Trad. Marco Antonio Casa Nova. Rio de Janeiro: Relume-Dumará, 2001.

_____. *Responsabilidade e julgamento.* Revisão técnica: Bethânia Assy e André Duarte. Tradução: Rosaura Einchenberg. São Paulo: Companhia das Letras, 2004.

_____. *Compreender: formação, exílio e totalitarismo (ensaios) 1930-54.* Organização, introdução e notas: Jerome Kohn. Tradução: Denise Bottman. São Paulo: UFMG, 2008.

_____. *A promessa da política.* Organização e introdução: Jerome Kohn. Tradução: Pedro Jorgensen. Rio de Janeiro: DIFEL, 2008.

REFERÊNCIAS BIBLIOGRÁFICAS

Obras sobre Hannah Arendt

ABREU, Maria Aparecida. *Hannah Arendt e os limites do novo*. Rio de Janeiro: Azougue Editorial, 2004.

ADEODATO, João Maurício Leitão. *Problema da legitimidade: no rastro do pensamento de Hannah Arendt*. Rio de Janeiro: Forense Universitária, 1989.

AGUIAR, Odílio Alves e outros (org.). *Origens do totalitarismo, 50 anos depois*. Rio de Janeiro: Relume-Dumará, 2001.

AGUIAR, O. *Filosofia e política no pensamento de Hannah Arendt*. Fortaleza: Universidade Federal do Ceará, 2000.

AMIEL, Anne. *Hannah Arendt, política e acontecimento*. Lisboa: Piaget, 1997.

CORREIA, Adriano. *Hannah Arendt*. Rio de Janeiro: Jorge Zahar, 2007.

CORREIA, Adriano (org.). *Transpondo o abismo: Arendt entre a filosofia e a política*. Rio de Janeiro: Forense Universitária, 2002.

CRITELLI, Dulce Mara. *Analítica do sentido: uma aproximação e interpretação do real de orientação fenomenológica*. São Paulo: Ed. Brasiliense e EDUC, 1996.

DUARTE, André. *O pensamento à sombra da ruptura. Política e filosofia em Hannah Arendt*. São Paulo: Paz e Terra, 2000.

DUARTE, A., LOPREATO, C. e Magalhães, M. (org.). *A banalização da violência: atualidade do pensamento de Hannah Arendt*. Rio de Janeiro: Relume Dumará, 2004.

LAFER, Celso. *Hannah Arendt – Pensamento, Persuasão e Poder*. Rio de Janeiro: Paz e Terra, 1979.

_____. *A reconstrução dos direitos humanos – um diálogo com o pensamento de Hannah Arendt*. São Paulo: Schwarcz, 1991.

MORAES, Eduardo Jardim e BIGNOTTO, Newton (orgs.). *Hannah Arendt: diálogos, reflexões, memórias*. Belo Horizonte: UFMG, 2001.

ORTEGA, Francisco. *Para uma política da amizade. Arendt, Derrida, Foucault*. Rio de Janeiro: Relume-Dumará, 2000.

ROVIELLO, Anne-Marie. *Senso comum e modernidade em Hannah Arendt*. Lisboa: Instituto Piaget, 1997.

_____ e WEYEMBERGH, M. (orgs.). *Hannah Arendt et la modernité*. Paris: J. Vrin, 1992.

SOUKI, Nádia. *Hannah Arendt e a banalidade do mal*. Belo Horizonte: UFMG, 1998.

XARÃO, Francisco. *Política e liberdade em Hannah Arendt*. Ijuí: Unijuí, 2000.

YOUNG-BRUEHL, Elizabeth. *Hannah Arendt, por amor ao mundo*. Rio de Janeiro: Relume-Dumará, 1997.

WAGNER, Eugênia Sales. *Hannah Arendt e Karl Marx. O mundo do trabalho*. Cotia: Ateliê Editorial, 2000.

Fontes Sabon e Univers
Papel
Impressão